Nicole Steffens

Glücksorte an der Lahn

Fahr hin und werd glücklich

Droste Verlag

Danke!

Ohne Euch hätte ich manches übersehen! Vielen Dank für die Ortstipps: Monika Diefenbach, Horst Lempart, Jenny Schäfer, Markus Krekel, Ulrike Petersen. Lilli, Du bist die inspirierendste Assistenz, die man sich wünschen kann. Toll, dass Du mich so häufig begleitet hast. Thomas, vielen Dank für Deine Geduld und Dein offenes Ohr.

Sandra, es war ein wunderschöner, gemeinsamer Tag. Dankeschön an alle, die mir ihre Glücksorte mit Engagement und Geduld so detailliert vorgestellt haben. Und an Ute Voges, für ihr Vertrauen und die motivierende Zusammenarbeit.

Liebe Glücksuchende,

herzlichen Glückwunsch! Vor Ihnen liegt ein Buch, das Sie begeistern möchte. Für Orte, an denen man Kraft tanken und durchatmen kann. Für Begegnungen mit besonderen Menschen, Ausflüge mit tierischen Artgenossen, individuelles Essen, ausgefallene Events und erstaunliche Bauten.
Egal, ob Sie auf der Suche nach etwas Ruhe und Entspannung sind, Neues ausprobieren möchten oder Inspirationen suchen. An der Lahn werden Sie fündig.
Zwischen Bad Laasphe und Lahnstein kann man waldbaden und flusswandern. 240 Flusskilometer und 295 Kilometer Wanderweg bieten sich zum Rad- und Kanufahren, für Segway-Touren und Themenwanderungen an.
Neben viel Natur hat die Lahn auch kulturell einiges zu bieten. Eine Reise in die Vergangenheit versprechen Kloster, Schloss und historische Altstadt. Tierische Bekanntschaften erleben Sie mit Eseln, Alpakas und Huskys. Nachwirkende Sinneserfahrungen garantieren ein Kräutergarten oder eine Schnuppergesangsstunde.
Stellen Sie Ihre persönliche Glückstour zusammen. Viel Spaß dabei!

Nicole Steffens

Deine Glücksorte ...

... noch mehr Glück für dich

Liebe wirkt ansteckend

1 *Begegnung im Kloster Arnstein in Obernhof*

Hoch über Obernhof thront das Kloster Arnstein. Das eindrucksvolle mittelalterliche Bauwerk liegt direkt am Lahnhöhenweg und dem Lahn-Camino. Dieser deutsche Teilabschnitt des Jakobswegs führt an der Lahn entlang direkt am Kloster vorbei. Täglich besuchen Pilger aus fernen Ländern und Wanderer aus der Region die imposante Anlage.

Man muss nicht streng gläubig sein, um von den zehn Schwestern des Heiligen Orthodoxen Klosters Dionysios Trikkis & Stagon liebevoll empfangen zu werden. Die Frauen aus Griechenland, Zypern, Russland und Israel heißen alle Gäste mit einem Lächeln willkommen. Sie glauben daran, dass der Geist Christi in jedem Besucher zu finden ist. Jede Begegnung ist für sie eine Bereicherung, und so gibt es kein starres Besucherprogramm. Die Glaubensschwestern möchten „hinsehen und spüren, was gebraucht wird". Eine Einstellung, die nachdenklich macht und inspirieren kann. Besonders, weil sie in unserer schnelllebigen Welt so selten geworden ist. Eine Möglichkeit zur ersten Kontaktaufnahme bieten die Schwestern mit ihrem täglichen Angebot, Kaffee und Kuchen vor Ort zu genießen. Im Klosterladen werden Kräuter, Tee, Marmeladen, Schmuck und Bücher verkauft. Hier kann man mit den Nonnen auf Deutsch, Englisch, Griechisch, Russisch und Französisch ins Gespräch kommen. Ihr Tag ist von vier Gebetszyklen zwischen 4 Uhr morgens und 21 Uhr am Abend geprägt. Zwischen den Gebetszeiten wird gemeinsam in der Küche und im Garten gearbeitet. Die Mahlzeiten werden schweigend eingenommen.

TIPP Auch die katholische Pilgerkirche auf der Spitze des Anwesens ist nach wie vor für alle geöffnet.

Jeder Besucher kann täglich um 17 Uhr am Vespergottesdienst teilnehmen. Wer das Klosterleben etwas intensiver kennenlernen möchte oder den Wunsch zur intensiven Einkehr hat, kann in einem der Gästezimmer übernachten und auf Wunsch an den täglichen Ritualen teilnehmen.

Es fällt nicht schwer, sich von dem arbeitsamen und dennoch besinnlichen Klosterleben einfangen zu lassen. Die Freundlichkeit der Nonnen ist ansteckend. Ihre Einstellung zum Leben erweitert den eigenen Blick. Nachhaltig.

Kloster Arnstein, Pater-Damian-Straße1, 56379 Obernhof
www.dionysios-trikkis-kloster.de
ÖPNV: Bahnhof Obernhof (Lahn), 500 Meter Fußweg

2 *Großstadtflair im Lieblingsmensch Gießen*

Im Bahnhofsviertel, zwischen Shoppingmöglichkeiten und Handyläden, liegt die Cafébar Lieblingsmensch. Trotz seiner beachtlichen Größe ist das Café ein Kleinod der Entspannung zu jeder Tages- und so mancher Nachtzeit. Wer hier über die Schwelle tritt, fühlt sich wie in einer spanischen Tapasbar. Die riesige, wunderschön gekachelte Theke mit dunklen Holzelementen fällt sofort ins Auge.
Einen Espresso oder einen kleinen Snack nimmt man gern direkt an der Bar ein. Will man etwas länger verweilen, warten direkt gegenüber zahlreiche senfgelbe oder dunkelgrüne Ohrensessel aus Samt auf Gäste. Zwei riesige Sitzecken am hinteren Ende des Loungebereichs laden ebenfalls zum Chillen ein. Die Atmosphäre aus rustikalen Holzelementen, edlen Sitzmöbeln und Essgruppen im Shabby-Stil wird von der offenen Decke und Leuchten im Industrielook ergänzt. Hier fühlt man sich zum Frühstück, Mittagessen, bei Kaffee und Kuchen ebenso wohl wie am Abend. Neben einem feinen Frühstück gibt es frisch zubereitete Flammkuchen, herzhafte Holzofenbrote, Panini und Antipasti. Die hausgemachten Kuchen und Desserts sind als „Süßes für die Seele“ ein wahrer Genuss.
Besondere Geschmackserlebnisse bieten ausgefallene Tees und Szenelimonaden wie Elephant Bay Ice Tea Watermelon, Cucumis Gurkenlimonade und Fentimas Rosenlimonade. Die Cocktailkarte verführt mit einer riesigen Palette von Vintage-Cocktails, auch die Weinkarte ist einen zweiten Blick wert.
Nicht nur am Morgen und Nachmittag ist das Publikum gemischt. Studenten sitzen neben Familien und Senioren. Alle lieben die Veranstaltungen im Lieblingsmensch wie das Brunchbuffet für beste Freundinnen, Ginverkostungen und wunderschöne Livemusikabende. Das sympathische Team arbeitet unter dem Motto: „Gudes für liebe Menschen“, das gelingt zu jeder Zeit.

Lieblingsmensch – Kaffee, Gin, Gudes, Katharinengasse 12, 35390 Gießen
ÖPNV: Bahnhof Oswaldsgarten

Tanqueray
Coca-Cola

Auf Goethes Spuren

3 *Historische Kostümführung durch Wetzlar*

Wetzlar liegt direkt an der Lahn und bietet mit seinem lebendigen Kulturangebot, den schönen Fachwerkhäuschen in engen Gassen und modernen Museen rund um das Thema Sehen eine außergewöhnliche Mischung.
Eine kurzweilige Chance, Wetzlar zu entdecken, sind die offenen, kostümierten Stadtführungen mit historischen Themenschwerpunkten.
Bei der „Führung mit Lotte" durch die Wetzlarer Altstadt am Dom vorbei bis zum Lottehaus wird eine längst vergangene Zeit lebendig.
Unschuldig wirkt die junge Lotte in ihrem ausladenden Kleid mit Weidenkörbchen und schief gelegtem Kopf. Wer die junge Frau im Kostüm erblickt, fühlt sich augenblicklich ins 18. Jahrhundert zurückversetzt. Sie erzählt, dass sie Johann Wolfgang Goethe bei einem Ball in Volpertshausen kennenlernte, wie gut sie sich verstanden und dass sie der Grund für das Entstehen seines bekanntesten Romans „Die Leiden des jungen Werthers" war.
Die mittelalterlichen Plätze wirken, als ob die Zeit stehen geblieben sei. Hier scheint es möglich, dass Goethe im nächsten Moment persönlich aus einer der vielen kleinen Gässchen kommt und Lotte galant die Hand küsst. So wie damals, als er für einen Sommer in Wetzlar war, um ein Praktikum am Reichskammergericht zu absolvieren.
Alle, die von Lotte genauso fasziniert sind wie damals Goethe, sollten zusätzlich das „Lottehaus" besuchen. Das Elternhaus von Charlotte Buff ist teils mit Originalmöbeln, Gemälden, Handschriften und Haushaltsgegenständen der Familie ausgestattet.
Ebenso beeindruckend wie die Kostümführungen ist die nächtliche Tour „Stadtgespräch". Mit Laternen begleiten ein Domtürmer und ein Reichskammergerichtsherr die Gäste durch die abendlich dunkle Altstadt.
Besondere Angebote zum Dom, der Optikparcours sowie Kinderführungen erfüllen die unterschiedlichsten Wünsche und machen jeden Gast glücklich.

Kostümführung Wetzlar, Details bei der Tourist-Info, Domplatz 8, 35578 Wetzlar, Tel. (0 64 41) 99 77 55, www.wetzlar.de
ÖPNV: Bahnhof Wetzlar/Leitzplatz

Walking on sunshine

4 *Prädikatswanderwege entlang der Lahn*

Zweihundertzweiundvierzig Kilometer legt die Lahn von der Quelle im Rothaargebirge bis zur Mündung in den Rhein bei Lahnstein zurück. Entlang des Flusses führen 295 km Lahnwanderweg verschlungen und abwechslungsreich über Berg und Tal, Wald und Aue, Stadt und Dorf durch das komplette Lahntal bis zum Rhein.
Wer verwunschene Landschaft mag, wird die Wege von der Quelle bis ins obere Lahntal lieben. Alle, die unendliche Weite suchen, werden von den Auenlandschaften im mittleren Lahntal und dem wildromantischen unteren Lahntal begeistert sein. Der Lahntal Tourismus Verband hat die Gesamtstrecke in 19 Etappen unterteilt. Jede ist mit Besichtigungen und Entdeckungen kleiner Dörfer, charmanter Städte, Burgen und Schlösser sowie kleiner Nebentäler und Klettersteigpassagen erweiterbar. Ausgangs- und Endpunkte lassen sich per Bus und Bahn erreichen.
Die Halbtagestour Etappe 15 startet in Villmar und führt über besonders schöne Waldabschnitte und einzigartige Ein- und Ausblicke in die Domstadt Limburg. Wanderstart ist das sehenswerte Lahn-Marmor-Museum direkt beim Bahnhof. Hier wird es direkt magisch, denn zum Überqueren der Bahnlinie ruft man eine Nummer an. Kurz darauf öffnet sich die Schranke auf mysteriöse Weise. Die Strecke führt durch das wunderschöne Naturschutzgebiet Wehrley. Das mittelalterliche Dörfchen Runkel mit seiner gewaltigen Burganlage ist einen Abstecher wert. Weiter geht es Richtung Eschhofen, vorbei an der imposanten Dietkirchener Kirche St. Lubentius auf einem Felsvorsprung. Durch die idyllischen Lahnauen gelangt man über den alten Leinpfad, unter der neuen Autobahnbrücke hindurch nach Limburg. Die Limburger Altstadt aus dem 12. Jahrhundert ist bestens erhalten, das Wahrzeichen der Stadt – der Limburger Dom mit seinen sieben Türmen – ist von Weitem sichtbar. Hier gibt es unzählige Möglichkeiten zur Einkehr und zum Bummeln, zum Verweilen und Genießen.
Neben den Lahnwanderwegen bietet das Lahntal interessante Rund- und Streckentouren wie die Bergmannsroute mit Besichtigungsmöglichkeit der Grube Fortuna.

Wanderwege an der Lahn, Lahntal Tourismus Verband e. V., Brückenstraße 2, 35576 Wetzlar, Tel. (0 64 41) 30 99 80, www.daslahntal.de

ÖPNV: Bahnhof Villmar; Bahnhof Limburg (Lahn)

Im Schlaraffenland

5 *Das Erdbeerfeld in Lohra-Damm*

Trends wie Urban Gardening und der Traum vom Selbstversorgen inspirieren jedes Jahr mehr Menschen zum Gärtnern. Für alle, die den Gedanken lieben, mit der Umsetzung im heimischen Umfeld aber nicht vorankommen, ist das Selbstpflücker-Erdbeerfeld in Lohra-Damm eine wunderbare Entdeckung.

Das Team vom Caspersch Hof leistet alle Vorarbeiten, von der Auswahl der leckersten Sorten über die Anzucht bis zur Pflege. Wenn die Pflanzen ab Anfang Juni Früchte tragen, wird das Feld für Selbstpflücker eröffnet. Dann tummeln sich hier Feinschmecker und Idealisten, Senioren und Familien aus Marburg und Dillenburg, Gießen und dem ländlichen Umkreis. In Lohra-Damm gibt es sechs köstliche Erdbeersorten, die sich in Größe und Geschmack, Farbe und Erntezeit unterscheiden. Frühe und späte Sorten stehen auf dem Feld nebeneinander. Die einen schmecken eher süß, die anderen fruchtiger. Auch in der Größe unterscheiden sich die angebauten Pflanzen und Beeren deutlich. Besonders die dunkelroten Früchte verführen die Besucher zum Zugreifen. Eine der beliebtesten Sorten heißt Sonata, sie ist intensiv dunkelrot, groß und sehr süß. Für alle ist das Selbstpflücken und direkte Naschen ein himmlisches Vergnügen. Die älteren Kunden fachsimpeln beim Probieren, welche Sorte die beste für den Kuchen und die eigene Marmelade ist. Fast jeder, der das Erdbeerfeld besucht, nimmt zwischen einem und dreißig Kilo Beeren mit nach Hause.

Wer nicht selbst pflücken möchte, kann die frischen Erdbeeren auch direkt im Hofladen der Familie Plitt etwa einen Kilometer unterhalb des Feldes kaufen. Alternativ bietet der Caspersch Hof die Lieferung einer Abokiste an. Ausschließlich im Hofladen und in der Kiste landet die letzte, spätreife Beerensorte, Malvina. Sie beendet die Saison zwischen Ende Juni und Anfang Juli mit einem besonders intensiven Geschmackserlebnis.

Das Erdbeerfeld ist während der Erntezeit von 8 bis 18 Uhr geöffnet.

Erdbeerfeld Caspersch Hof, Fronhäuserstraße 12, 35102 Lohra-Damm, Tel. (0 64 26) 9 67 01 70

ÖPNV: Bus 34, Haltestelle Lohra-Damm Furtbach, 5 Minuten Fußweg

Spieglein an der Wand

6 *Stylingtipps bei MAKEUPLIEBE in Villmar*

Man muss nicht extra heiraten, um sich eine Make-up-Beratung, ein Styling oder ein Shooting bei Jennifer Jaik zu gönnen. Aber natürlich nutzen zahlreiche Bräute das Know-how der gelernten Friseurin, Visagistin mit Diplom, Luxuslashes-Stylistin und Permanent-Make-up-Artistin. Nach Erfahrungen in der Werbebranche und auf einem Kreuzfahrtschiff hat sich Jennifer Jaik 2014 mit ihrem Atelier MAKEUPLIEBE in Villmar selbstständig gemacht.

Egal, ob man zwanzig oder achtzig Jahre alt ist, wer das kleine, weißsilber gestaltete Atelier mit rotem Thron und goldenem Frisiersessel, schwarzem Samtsofa und imposanten Kronleuchtern betritt, seufzt entzückt. Hat man eine Make-up-Beratung gebucht, werden die persönlichen Vorstellungen bei einem Willkommensgetränk besprochen. Manchmal soll ein schnelles Tages-Make-up perfektioniert werden. Ein anderes Mal geht es um ein festliches Abend-Make-up. Nachdem Vorschläge besprochen und Farben gewählt sind, wird professionell geschminkt. Währenddessen gibt Jennifer Jaik Tipps und lässt die Kundinnen selbst Hand anlegen. Von der richtigen Basis bis zur optimalen Lidschatten- und Lippenstiftfarbe, vom richtigen Auftragen von Highlighter bis zum klümpchenfreien Wimperntuschen. Auf Wunsch werden auch Frisuroptimierungen vorgeschlagen. Zum Abschluss der Beratung erhält jede Kundin eine individuelle Schminkkarte, auf der alle Schritte eingezeichnet sind. Perfekt für die Anwendung zu Hause.

Neben dieser Beratung ist das Styling zu Hochzeiten, Geburtstagen, Weihnachten, Fasching oder Oktoberfesten beliebt. Kundinnen, die das wunderschöne Ergebnis direkt im Bild festhalten möchten, buchen zur Make-up-Beratung ein Fotoshooting dazu. Perfekt in Szene gesetzt, werden die Momente verewigt. Vom ersten Mal im Festtagskleid über die gelb-schwarze Verwandlung zum BVB-Fan bis zum glamourösen Styling eines Paares mit seinem Vierbeiner oder einem Autorenshooting. Die quirlige Unternehmerin liebt individuelle Wünsche und bietet ihre Leistungen im märchenhaften Atelier und als mobilen Homeservice an.

Makeupliebe – Jennifer Jaik, Unicastraße 7, 65606 Villmar, Tel. (01 72) 6 86 51 32
www.makeupliebe.de
ÖPNV: Bahnhof Villmar, 1,6 Kilometer Fußweg

Glück zum Pflücken

7 *Im bunten Blumengarten Böhm in Marburg*

Nur acht Minuten von der Marburger Innenstadt entfernt, wächst seit 1998 jedes Jahr ein blühendes Paradies. Von Anfang Juli bis Anfang November lustwandelt man dort durch eine Farbenpracht aus Blumen und Kräutern. Die Bioland-Blumenanbauerin Bettina Böhm hat sich bei der Auswahl der Pflanzen einen üppigen Bauerngarten vorgestellt und 40 verschiedene Arten in unterschiedlichen Sorten auf dem 3000 Quadratmeter großen Grundstück angepflanzt. Zu jeder Blume gibt es ein Hinweisschild mit Details, wie dem botanischen Namen der Pflanze oder ob die chemisch völlig unbehandelten Blüten essbar sind. Bei den Kräutern gibt es Erläuterungen zu deren Heilwirkung und Verwendung im Tee.
Wer die Auswahl aus Lobelien, Leberbalsam, Amaranth, Ringelblume, Cosmea, Zinnien, Löwenohr und Löwenmäulchen, Schleierkraut und Mutterkraut, Wilder Möhre und Roter Möhre, Strohblumen, Papierblumen, Jungfer im Grünen, Levkojen, Sonnenhut und Sonnenbraut sieht, wird berauscht von der Vielfalt an Farben und Düften. Junge Studenten, rüstige Senioren und zahlreiche Familien suchen das kleine Glück für zwischendurch. Sie verbringen nach der Arbeit eine kleine Auszeit auf dem bunten Feld oder kommen schon am frühen Morgen, um entspannt in den Tag zu starten. Sträuße werden gepflückt, um sich selbst zu belohnen, als individuelles Geschenk für Freunde oder als Trost für Patienten der nahe gelegenen Klinik. Essbare Blüten wie Dahlien, Sonnenblumen, Ringelblumen, Astern und Löwenmäulchen kommen zu Hause in die Vase und auf den Teller. Drachenkopf, Ringel- und Kornblume sind nicht nur schön anzusehen, sondern ergeben auch einen köstlichen Tee.
Für Hochzeiten, Firmenfeiern und runde Geburtstage stellt die sympathische Inhaberin herrliche Sträuße zusammen. Für alle anderen liegen am Kassenhäuschen Messer, Scheren, Bindegarn und Papier aus, um das Pflücken und Binden des eigenen, prachtvollen Arrangements zu erleichtern. Die Bezahlung erfolgt auf Vertrauensbasis. Geöffnet ist täglich zu Tageslichtzeiten.

Blumengarten des Biohofs Böhm, 35274 Marburg-Kirchhain, Kreuzung Schröck/Bauerbach, Richtung Schröck, sofort rechts in den Feldweg
www.biohof-böhm.de

Hier bin ich Mensch, hier ...

8 *Marburgs atmosphärisches Buch-Café Con:Text*

Unter dem Motto „Gutes lesen, Gutes finden, Gutes tun“ wirbt das Buchcafé Con:Text seit 2015 für sein einzigartiges Angebot. In einem restaurierten Fachwerkhaus in der Wettergasse laden modern gestaltete, helle Räumlichkeiten mit offenem Mauerwerk und rotem Ohrensessel, einer Bartheke, die gleichzeitig als Kasse dient, und der beeindruckende Gewölbekeller zum Verweilen ein.

Das Buchsortiment bietet neben regionalen Schriftstellern zahlreiche Biografien. Populäre, zum Beispiel von Michelle Obama, und ausgefallene wie die Graphic Novel über Martin Luther. Auch christliche Literatur findet sich neben einem großen Sortiment an Secondhandliteratur, die zum kleinen Preis verkauft wird.

Aus zweiter Hand sind auch einige seltene Fundstücke, wie die Brotmaschine mit Handkurbel. Solche Schätze werden häufig gespendet und vor Ort wunderbar aufbereitet. Zur speziellen Mischung des Angebots gehören witzige Küchenutensilien, edle Porzellanbecher und Wasserflaschen im originellen Design. Naturverbundene Kinder- und Erwachsenenspiele oder schöne Kalender sowie liebevoll gestaltete Recycling-Taschen lassen den Besucher mit jedem Schritt Neues entdecken. Französische Gewürzmischungen und Designerschmuck aus der Region reihen sich in die bunte Mischung an Geschenkideen ein. Die Papeterieartikel vom Geschenkpapier bis zum Eintragungsbuch ergänzen das „Haben-Wollen“-Sortiment.

Ob man auf der Suche nach einem Präsent oder einer Inspiration ist, ob man einfach einen Kaffee oder ein kaltes Getränk möchte, ein Abstecher lohnt sich. Wer vom Buchcafé in den riesigen Gewölbekeller aus dem 13. Jahrhundert hinabsteigt, wird von kühler Luft empfangen. Im urigen, steinernen Raum brennt immer eine Kerze. Nimmt man für einen Moment Platz, scheinen die Alltagsgeräusche und -einflüsse in Sekundenschnelle vergessen. Beim Verlassen des spirituellen Ortes kann man einen Bibelspruch mitnehmen oder einen Gebetswunsch hinterlassen. Alle anderen genießen einfach die besondere, zugewandte Atmosphäre vor Ort.

Con:Text, Wettergasse 42, 35037 Marburg, Tel. (0 64 21) 1 27 92
www.context-marburg.de
ÖPNV: ZOB Marburg Süd

Schwimmender Clownfisch

Ich geb' mir die Kanne

9 *Gießens einzigartiges Gießkannenmuseum*

Nach einem Besuch im Gießkannenmuseum sieht man die heimischen Alltagsgegenstände mit anderen Augen. In dem äußerst kommunikativen Museum, direkt neben dem botanischen Garten, finden sich gewöhnliche und ungewöhnliche Gießwerkzeuge aus allen Ländern der Welt.
Mit Erstaunen nimmt man schon am Eingang wahr, in welchen unterschiedlichen Formen und Materialien das Gießwerkzeug designt wurde. Die Kannen sind nicht nur nach ihrem Verwendungszweck oder Rohstoff sortiert, es finden sich die charmante Rubrik „Kinderkännchen aus Metall“, die tiefsinnige Ecke „Schwiegermutterkännchen“ und eine umfangreiche Sammlung von „Kannen mit Migrationshintergrund“. Zu jeder Kanne gibt es eine besondere Geschichte. So entstehen beim Kauf im Vietnam-Urlaub oder beim Stadtbummel durch Triest besondere Begegnungen. Bei anderen Kannen ist der spezielle Einsatz das Schönste am nicht immer auslaufsicheren Objekt. In einem Fall berührt die Schaffenskraft der Überbringerin nachhaltig. Eine nahezu blinde Häkelkünstlerin hat eine Gießkanne in eine bunte, wunderschöne Maus inklusive Janker und Maßkrug detailliert und einzigartig umgestaltet. Ihr „Wies'ntüfeel“ ist als DRI.S.7 online und vor Ort zu bestaunen.
Diese und unzählige weitere Hintergrundstorys erfährt man beim Schlendern durchs Museum. Denn an jeder Kanne ist eine Nummer angebracht, die man bei Google eingeben kann. Sofort erscheinen Details. Im Museum sind auch Designkannen von IGL sowie eine aus künstlerischen Motiven überfahrene Blechkanne zu sehen. Die älteste Kanne ist aus Kupfer, stammt aus Paris und wurde Ende des 18. Jahrhunderts gefertigt. Das kleinste Modell stammt aus dem Modellbahnbau und misst 1 x 2 mm. Ihr Pendant ist die legendäre Schneiderkanne, sie fasst 16 Liter.
Das Museum wurde im Jahr 2011 anlässlich der Landesgartenschau gegründet und hat sich in Deutschland mit seiner einmaligen Sammlung einen festen Platz erobert. Es gibt immer mehr Fans, die sensationelle Kannen unter den abenteuerlichsten Bedingungen nach Gießen bringen.

Gießkannenmuseum, Sonnenstraße 3, 35390 Gießen, Tel. (06 41) 3 06 20 28
www.giesskannenmuseum.de
ÖPNV: Bahnhof Oswaldsgarten, 700 Meter Fußweg

Kleider machen Leute

10 *Die hat Schneid – Wetzlars Maßschneiderei*

„Kleiden müssen wir uns alle, der Mode folgen muss niemand“ ist das Motto von Schneidermeisterin Zübeyde Demirci. Während die meisten Modetrends heute kaum eine Saison überleben, bietet die Inhaberin der Wetzlarer Maßschneiderei individuelle Kleidungsstücke, die ihre Besitzer viele Jahre lang begleiten. Egal, ob eine neue Hose, ein Blazer oder ein Etuikleid, eine Maßanfertigung ist eine sehr persönliche Angelegenheit. Betritt man das Atelier zum ersten Mal, nimmt man in entspannter Wohnzimmeratmosphäre auf einem roséfarbenen Samtsofa Platz. Die Schneidermeisterin erfragt bei Kaffee oder Tee die Wünsche ihrer Gäste. In einem ersten Gespräch werden Möglichkeiten und Rahmenbedingungen besprochen. Danach geht es ins Obergeschoss, wo man aus den mehr als zweihundert Ballen hochwertiger Stoffe das Passende aussuchen kann. Hat man sich nach fachkundiger Beratung für die Anfertigung eines persönlichen Kleidungsstücks entschieden, wird Maß genommen. Im nächsten Schritt entsteht ein 1:1-Schnittmuster auf Papier. Daraus fertigt Frau Demirci ein sogenanntes Vorkleid. Dieses genähte Modell aus einem einfachen Stoff ist die Grundlage des zweiten Gesprächstermins. Das Vorkleid wird anprobiert. Die Silhouette muss stimmen, die Proportionen müssen exakt passen, denn darin liegt der entscheidende Unterschied zur Kaufhausware. Sitzt die Kleidung noch nicht zu hundert Prozent an allen Stellen, werden Änderungen vorgenommen und auf das Schnittmuster übertragen. Erst wenn alle zufrieden sind, wird das Kleidungsstück anhand des optimierten Schnittbogens mit dem Wunschstoff gefertigt.

Auf den Anprobetermin freuen sich Kunden und Schneiderin besonders. Die Wertschätzung und Freude der glücklichen Kunden haben schon viele langjährige Verbindungen geschaffen. Aus zahlreichen Neukunden wurden Stammkunden, die den Komfort und die Qualität der Blusen, Jacken und Kleider mit Stolz tragen.

Frau Demirci setzt auf zeitlose Schnitte und hochwertige, naturnahe Stoffe wie Seide, Kaschmir und Leinen. Wer Lust auf ein kleidsames Stück Persönlichkeit hat, reserviert am besten telefonisch einen Termin.

Maßschneiderei, Zübeyde Demirci, Langgasse 41, 35578 Wetzlar, Tel. (0 64 41) 6 71 23 30
www.wetzlarer-massschneiderei.de

ÖPNV: ZOB Wetzlar, 15 Minuten Fußweg bzw. Citybus, Haltestelle Haarplatz

Einladung zum Sein

11 *Im naturschönen Skulpturenpark Greifenstein*

Seit Waldspaziergänge hip sind, entdecken immer mehr Menschen die wohltuende Wirkung einer Wanderung. Eine einzigartige Möglichkeit, die Sinne zu schärfen und die eigene Sichtweise zu erweitern, bietet der Skulpturenpark Siegfried Fietz. Nirgendwo sonst wird man von einem fünf Meter hohen, riesigen Blumenstrauß aus Eisen und Allendorfer Ton empfangen. Ein Lächeln und einen Streichelreflex löst auch der riesige, aus einer 1000 Jahre alten Eiche geschnitzte Wal aus.
In Greifenstein-Allendorf, direkt am Radweg, liegt das 25.000 Quadratmeter große, hügelige Areal mit uraltem Baumbestand und atemberaubendem Fernblick. Hier gibt es die unterschiedlichsten Arbeiten des Musikers, Malers und Bildhauers Siegfried Fietz zu entdecken.
Am Eingang des offenen Geländes empfängt ein sechs Tonnen schwerer Diabas in Form einer offenen Schale die Gäste. Im Park finden sich beeindruckende Holz-, Metall- und Steinskulpturen. Alle Arbeiten entstanden mit Material aus der Region und haben hohen Symbolcharakter. Vom hölzernen Rettungsanker über das Kreuz mit Himmelsflügel bis zum dynamischen Herz. Andere Werke stehen für persönliche Geschichten, wie die Holzskulptur „Trauernde Familie". Einige Ideen laden den Betrachter ein, aktiv zu werden. Die riesigen Denksteine bieten sich für ein Erinnerungsfoto an, die Vogeltränke zur Tierbeobachtung, der sonnengewärmte Basaltstuhl eröffnet einen Ausblick bis zum Feldberg im Taunus. Und der Steinkreis vermittelt Schottlandfeeling mitten in Hessen.
Zur denkwürdigen Anlage gehört auch eine wunderschöne Freilichtbühne mit 300 Baumstamm-Sitzplätzen. Hier finden immer wieder Veranstaltungen wie Konzerte und Gottesdienste statt. Der Park ist jederzeit frei zugänglich. Um den Besuch mit Hintergrundinformationen und Geschichten zu bereichern, bietet der Künstler Führungen an. Weil Siegfried Fietz auch ein begnadeter Musiker ist, wird jede Führung zum Abschluss von einem Lied gekrönt. Diese Geste geht tief ins Herz und bringt alle Sinne zum Klingen.

TIPP

Alternativ sind die Skulpturen mit QR-Codes ausgestattet, per Handy kann man so ebenfalls Detailinfos erfahren.

Skulpturenpark Siegfried Fietz, Lenzwies, 35773 Greifenstein
www.skulpturenpark.info

ÖPNV: Ab ZOB Herborn Bus 530, Haltestelle Schule, Ortsteil Allendorf

Hexentorte Elke trifft Achim

12 *Das gemütliche Café Windlück in Rehe*

„Kein Genuss ist vorübergehend, denn der Eindruck, den er hinterlässt, ist bleibend.“ Das Zitat von Goethe ist gleichzeitig der Anspruch von Steffi und Matthias Bahr.

Die beiden haben 1997 ein denkmalgeschütztes Westerwälder Bauernhaus gekauft und zehn Jahre später ihr Café darin eröffnet. Der ehemalige Kuhstall dient heute als Küche und Backstube, die anderen Stallungen wurden liebevoll zu Gasträumen umgebaut. Antike Möbel, Bilder aus vergangenen Zeiten, ein gusseiserner Holzofen, eine zum Tisch umgebaute Nähmaschine, Sammeltassen und Kristallgläser laden zum Verweilen ein.

Im Café Windlück wird alles frisch zubereitet. Mindestens 15 Torten und Hefekuchen, Nussecken und saisonale Leckereien stehen zur Auswahl. Die Marzipantorte Gerti, die Hexentorte Elke und der Birnenkuchen Herr von Ribbeck sind nur drei Beispiele für die fantasievollen Kreationen. Wer sich nicht entscheiden kann, nimmt einfach ein paar Stückchen mit nach Hause. Ergattert man in einer der drei Stuben einen Tisch, sollte man den Blick nicht nur auf die Kuchen, sondern auch in die Getränkekarte werfen. Hier finden sich interessante Alternativen zu den üblichen Kaffeespezialitäten. Besonders lecker sind der „DoroTee“, der „lustige Achim“ und der „sehr lustige Achim“ (mit Alkohol).

Für das Sonntagsfrühstück mit regionalen Zutaten, Eiern in handgestrickten Wärmern und mit selbst gebackenem Brot sollte man unbedingt einen Tisch reservieren.

Als „Gegengift“ zum traumhaft leckeren Backwarensortiment bezeichnen die Inhaber ihr Angebot an herzhaften Spezialitäten.

Ein Besuch im Café Windlück lässt sich ideal mit einer Wanderung an der 500 Meter entfernten Krombachtalsperre verbinden. Sie hat einen wunderschönen See, in dem man im Sommer baden und surfen kann. Der Rundweg ist acht Kilometer lang und perfekt, um Wald und Wiesen, See und Aussicht, Tiere und Umgebung zu genießen.

Café Windlück, Windlück 1, 56479 Rehe, Tel. (0 26 64) 99 07 68
www.windlueck.de

ÖPNV: Bus LM-15, Haltestelle Rennerod, weiter mit Bus 40, Haltestelle Rehe

Rotkäppchen ohne Wolf

13 *Die Holzbachschlucht in Seck*

Schon am Eingang zur Holzbachschlucht fühlt man sich wie die Hauptfigur aus einem Märchen der Gebrüder Grimm. Vorbei am uralten, gepflegten Privatfriedhof der Familie Schneider steigt man in die Schlucht hinab. Der Rundweg des verwunschenen, märchenhaften Ortes beginnt an einer kleinen Holzbrücke. Das Wasser um die Brücke herum ist so flach und der Fluss so breit, dass man am liebsten von Stein zu Stein hüpfen möchte.

Startet man mit – hoffentlich – trockenen Füßen in festem Schuhwerk den 1,5 Kilometer langen Abenteuerpfad, taucht man Schritt für Schritt immer tiefer in diese besondere Welt ein.

Hier gibt es riesige Bäume, deren frei liegende Wurzeln dem Wanderer bis an die Knie reichen, und steile Abhänge. An vielen Stellen kann man direkt auf den Holzbach in der Tiefe und die 30 Meter hohen Felswände aus Basalt sehen. Zahlreiche Schautafeln erzählen am Wegesrand von den Besonderheiten der Tiere und Pflanzen in der Holzbachschlucht.

An der zweiten Brücke des Rundweges haben sich Wanderer mit Steintürmchen verewigt. Sie sollen gute Geister ehren und böse vertreiben, oder einfach den Weg anzeigen. Zumindest glauben das die Menschen in Grönland, Irland und den nordischen Ländern. Hätten doch Hänsel und Gretel diesen Trick gekannt, ihre Geschichte wäre anders ausgegangen. In der Holzbachschlucht sind die Steintürme einfach eine nette Geste, die Vorbeiziehenden ein Lächeln auf die Lippen zaubert.

Wer die Schlucht auf dem Rundwanderweg hinauf- und hinabgestiegen ist, hat eine Stärkung verdient. Mit hausgemachtem, ausgezeichnetem Kuchen oder einer deftigen Vesperplatte im Hofcafé Dapprich lässt sich die Wanderung märchenhaft beenden.

Für besonders abenteuerlustige Wanderer bietet das Hofgut einen Bogenparcours an. Auf 40.000 Quadratmetern sind 30 gut getarnte Stationen aufgebaut. Ein Einschießstand und wöchentliche Schnupperkurse lassen Anfänger und Profis die Natur neu entdecken.

Holzbachschlucht und Hofgut Dapprich, 56479 Seck/Westerwald, Tel. (0 26 63) 91 87 20 www. hofgut-dapprich.de

ÖPNV: Ab Bahnhof Limburg (Lahn), Bus LM-15, Haltestelle Seck Abzweig Irmtraud

Einmal It-Girl sein

14 *Bei Hofe im Schloss Weilburg*

Hoch über der Lahn liegt das wunderschöne Schloss von Weilburg mit seinem herrschaftlich-barocken Garten, der Orangerie, einem imposanten Innenhof sowie der Stadt- und Schlosskirche. Adlige Wohnkultur und höfisches Leben werden hier im Detail bei zahlreichen Gelegenheiten erlebbar.

Eine originelle Möglichkeit, das höfische Leben kennenzulernen, ist die Themenführung „Madame sein ist ein elendes Handwerk". Mittelpunkt dieser Führung ist das herzogliche Bad. Mit viel Humor werden die Gepflogenheiten des 18. Jahrhunderts beleuchtet. Einer Zeit, in der die vornehme Gesellschaft Mehl gern zum Pudern anstatt zum Backen verwendete. Die vornehme Blässe wurde von Madame de Pompadour, dem It-Girl der damaligen Zeit, geprägt. Während heute Bloggerinnen Modetrends bestimmen, wirkten früher exzentrische Adlige wegweisend. Ludwig der 14., auch als Sonnenkönig bekannt, gilt als erster It-Boy.

Bei einer Führung im Weilburger Schloss erfährt man Details, die den Zauber ein wenig schmälern. Denn der Anblick einer Perückeninnenseite ist nicht unbedingt appetitlich. In den oft jahrelang getragenen Modellen fanden zahlreiche Kopfläuse und Flöhe ihre Heimat. Um dem entgegenzuwirken, wurden in Blut und Honig getränkte Wattebäusche in die Perücken eingearbeitet, idealerweise blieben die Tiere daran kleben.

Zum Schminken nutzten die Damen früher Kohle und bleihaltige Rezepturen. Dadurch alterten sie frühzeitig. Auf den damals üblichen Portraits fällt auch auf, dass selten gelächelt wurde.

Wer die Hintergründe erfährt und den Zusammenhang von Sauciere und Kommode mit dem stillen Örtchen erkennt, fühlt sich nach der Tour zu Hause noch ein bisschen wohler. Was für ein Glück, dass das der Vergangenheit angehört!

Noch mehr Lust auf die gute alte Zeit? Es gibt weitere Themenführungen durch den barocken Garten sowie Kostümführungen im wunderschönen Weilburger Renaissanceschloss.

Schloss Weilburg, Schlossplatz 3, 35781 Weilburg, Tel. (0 64 71) 91 27-0
www.schloesser-hessen.de
ÖPNV: Bahnhof Weilburg, 15 Minuten Fußweg

Superlaune auf Rädern

15 *Auf großer Fahrt im e-werk in Wetzlar*

Hessens einziger Segway-Indoor-Park wirbt mit dem Slogan „*Die beste Zeit im Leben ist der Moment, in dem Du spürst, Du bist zur richtigen Zeit am richtigen Ort.*“ Dieses Gefühl haben die meisten Gäste unmittelbar nach der Einweisung durch die Profis auf einem der dreißig Elektrofahrzeuge. Kaum sind Helm und Verstand an, regulieren die Füße durch Druck auf den Vorderfuß oder Gewichtsverlagerung nach hinten die eigene Fahrt. Die Lenkstange gibt zusätzlich Sicherheit. Ist die Einweisungsfläche dreimal korrekt überquert, geht es auf den Indoor-Parcours. Auf 900 Quadratmetern bieten Sand-, Stein-, Holz- und Feldwege unterschiedliche Herausforderungen. Eine Zickzackbahn, ein Labyrinth sowie eine Offroad-Strecke mit Wippe machen unglaublich viel Spaß und sorgen auch für eine kleine Portion Nervenkitzel. Egal, ob die Parkbesucher zehn oder siebenundachtzig Jahre alt sind, wer hier losfährt, will nie mehr aufhören. Mit jeder Runde wird das Grinsen der Gäste breiter. Für alle, die das Erlebnis teilen möchten, bietet das e-werk Gruppenveranstaltungen sowie Kindergeburtstage und Firmenevents an.

Im Programm sind außerdem sechs geführte Touren zwischen Weilburg, Wetzlar und Gießen. Von der kleinen zweistündigen Panorama-Tour in Wetzlars Umgebung bis zur sechsstündigen Adventure-Tour inklusive Einkehr im edlen Steakhaus oder einem hessischen Spezialitäten-Restaurant. Die Einsteigertour beginnt am e-werk und führt durch die Altstadt, vorbei am katholischen/evangelischen Dom zum Deutschherrenberg mit spektakulärem Ausblick und über wunderschöne Waldwege zurück zum Ausgangspunkt. Hier kann an der Bar und in dem stilvollen Gastraum noch ein bisschen entspannt werden. Im Sommer steht dazu auch der 200 Quadratmeter große Beachbereich mit Sandfläche und chilligen Möbeln bereit.

Alle Touren bieten eine Mischung aus wunderschönen Waldwegen, entspannten Lahnuferwegen, tollen Sehenswürdigkeiten und sensationellen Ausblicken. Tempo, Gruppenfeeling und die frische Luft machen das Erlebnis einmalig.

e-Werk – Der Segway-Park, Garbenheimer Straße 15–17, 35578 Wetzlar, Tel. (0 64 41) 92 64 41
www.ewerk-hessen.de
ÖPNV: ZOB Wetzlar, 15 Minuten Fußweg

Erlebe den Segway
jetzt im e-werk!

Regional – rund um die Uhr

16 *Jung's Camping-Hühner in Bellnhausen*

Wer den Lahnradweg von Gießen Richtung Marburg fährt, erreicht in Fronhausen-Bellnhausen eine besonders idyllische Stelle. Hier ist die Lahn so flach, dass Kinder baden gehen und Kanufahrer sich sanft treiben lassen. Neben den Attraktionen der Natur gibt es zwei weitere Highlights. Links und rechts vom Lahnufer campen auf den umliegenden Wiesen etwa 3000 Hühner. Die Tiere leben hier ganzjährig und nutzen ihr voll isoliertes Campingmobil als Rückzugsort. So sind sie im Sommer vor Sonne und im Winter vor Kälte geschützt. Campinghühner sind echte Vagabunden, denn sie ziehen etwa zwanzig Mal im Jahr um. So genießen sie immer wieder beste Boden- und Lebensbedingungen zum Picken, Scharren und Sonnenbaden. Wer die Tiere beim Glücklichsein beobachten möchte, findet sie auf einer der Wiesen, die an den Hof angrenzen, direkt an der Lahn.

Um ein bisschen Glück mit nach Hause zu nehmen, kann man die leckeren Eier mit dem intensiv gelben Dotter im Hofladen kaufen. Hier gibt es auch Suppenhuhn, Brathähnchen, Hühnersuppe sowie Rindfleisch und Bratwurst aus eigener Herstellung. Weitere Gaumenfreuden vom Hof sind Eierlikör, Spargel, Kürbis und Marmeladen. Zahlreiche Lebensmittel aus der Region wie Milch, Eis, Wein werden von befreundeten Höfen geliefert.

Zusätzlich zum Hofladen betreibt die Familie den ersten Automaten-Hofladen Hessens. In einem hübschen Holzhaus warten Tag und Nacht Verkaufsautomaten mit frischen Salaten und Suppen, Hähnchen und Eiern, Bauernhofeis sowie Milch und Joghurt. Das Angebot nutzen nicht nur Pendler, die sich mit einem Mittagsgericht den Tag verschönern. Täglich kommen Wanderer und Familien vorbei, um eine kleine Rast einzulegen. Vor dem Laden wartet eine Holzbank auf die Gäste zwischen null und neunzig Jahren. Von hier haben alle den besten Blick auf vorüberziehende Radfahrer und Wandergruppen. Mit einem köstlichen Hofeis lässt sich die Pause kulinarisch versüßen und man kommt ins Gespräch. Das Muhen der Kühe im offenen Stall macht die Idylle des Ortes perfekt.

Jung's Camping-Hühner und -Hähnchen, Lahnstraße 11, 35112 Fronhausen-Bellnhausen, Tel. (0 64 26) 92 17 41, www.camping-huehner.com

ÖPNV: Bahnhof Frohnhausen, 20 Minuten Fußweg

Indianer und Eskimo

17 *Eine Kanutour auf der Lahn*

Um die Lahn vom Wasser aus kennenzulernen, bietet sich eine Kanufahrt an. Lahntours organisiert seit dreißig Jahren Paddelausflüge für jedes Alter und Können. Mit neun Einstiegsstellen zwischen Roth bei Marburg und Balduinstein findet auf einer Gesamtlänge von 160 km jeder seine persönliche Kurz- oder Tagestour.

Hilfreich sind die vorgeschlagenen Mustertouren und eine ehrliche Selbsteinschätzung: Habe ich Kanu-Erfahrung? Will ich mich auspowern oder die Natur entspannt vom Wasser aus genießen? Suche ich Entspannung, oder liebe ich die Herausforderung?

Bevor es losgeht, entscheidet man sich für eine Kanu-Art. Ein Canadier wurde früher von Indianern genutzt und wird mit einem Stechpaddel gesteuert. Es ist recht kippsicher und bietet Platz für Gepäck, weswegen es sich gut für längere Ausflüge eignet. Das Kajak ist das Boot der Eskimos. Es wird mit einem Doppelpaddel gefahren, ist wendiger, aber auch kippanfälliger.

Nun geht es an die Auswahl der Strecke. Die Tagestouren sind zwischen 15 und 28 Kilometer lang und führen durch Wehre, Schleusen und Schiffstunnel. Wer zum ersten Mal ein Paddel in die Hand nimmt, sollte sich lieber für eine Kurztour um die zehn Kilometer, wie „Die kurze Auszeit" von Runkel nach Limburg, entscheiden. Läuft man versehentlich auf Grund, stellt man erstaunt fest, wie niedrig die Lahn hier an manchen Stellen ist. Sind die Anfangsschwierigkeiten überwunden, entfaltet die wunderschöne, schleusenfreie Strecke ihren ganzen Reiz. Von Runkel aus gleitet man mit der Strömung an Eisvögeln und weiteren seltenen Vogelarten vorbei. Etwas später ist das Dehrner Schloss hoch über der Lahn zu sehen. Weiter geht die Fahrt bis nach Dietkirchen, dessen imposante Basilika aus dem Jahr 841 auf einem Felshügel schon von Weitem zu sehen ist. Wenig später ist das Ziel erreicht: Limburg.

Nur zweihundert Meter vom Anleger entfernt, lädt der Cargo Beach Club auf ein Getränk ein, und nochmal zweihundert Meter weiter lockt die Eismanufaktur mit Limburgs leckerstem Eis.

Lahntours, Lahntalstraße 45, 35096 Roth (Lahn), Tel. (0 64 26) 92 80-0
www.lahntours.de

Wie am Meer

18 *Eine Brise Nordic-Style im Ebbe & Flut tanken*

Wer durch die Gießener Einkaufsstraßen schlendert, könnte beim Anblick der „Ebbe & Flut"-Schaufensterdekoration eine leichte Meeresbrise spüren. Das blaue Hollandrad mit den gelben Tulpen und die dicken Holzbohlen an der Fassade erinnern an den letzten Urlaub. Mit bester Laune nähert man sich dem Eingang und wird von dem Slogan: „Geh' mit dir selbst keine Kompromisse ein, Du bist alles, was Du hast" empfangen.
Mitten im rustikal gestalteten Laden steht ein großes Holzboot. Darin finden sich maritime Looks aus der Bretagne. Die traditionell gestreiften bretonischen Shirts sind in zahlreichen Farben zu finden. 1858 wurden die blau-weiß gestreiften Oberteile offizielle Kleidungsvorschrift für Seemänner, heute sind sie bei weiblichen und männlichen Landgängern gleichermaßen beliebt. Nicht nur für Frankreichfans sind diese und weitere Klassiker des Sortiments ein Stück Urlaub zum Anziehen.
Andere Dauerbrenner im Ebbe-&-Flut-Programm sind Regenmäntel eines Kopenhagener und eines Hamburger Herstellers, die den Friesennerz mit modischen Details neu erfunden haben wollen. Für Tage, an denen es regnet, sind auch die witzigen Gummistiefel aus Großbritannien perfekt. Mit farbenfrohen Socken werden kalte Füße schnell wohlig warm.
Sieht man trotz bunter Designkleidung immer noch den grauen Himmel, ist einer der pfiffigen Regenschirme der perfekte Begleiter. Die von außen neutral gestalteten Schirme zaubern mit wunderschönen Innenmotiven wie dem tropischen Palmenstrand oder der farbenfrohen Kirschmohnblüte in jedes Gesicht ein Strahlen.
Das küstenliebende Modeprogramm wird von Produzenten nachhaltiger Oberbekleidung ergänzt. Will man seine Auswahl direkt einpacken, sind die umweltschonend hergestellten Ledertaschen aus dem Verkaufssortiment ideal. Fehlt immer noch ein Stück zum echten Strandfeeling, bieten sich die handgemalten Acrylbilder mit Küstenmotiven und die individuellen Treibholz-Leuchten an. Die Inhaberin Nicole Spurr liebt den Strand, die See und das dazugehörige Lebensgefühl genauso wie ihre Kunden. Das spürt man.

Ebbe & Flut, Plockstraße 4, 35390 Gießen, Tel. (06 41) 13 27 03 33
ÖPNV: ZOB Gießen

Flut
Liebe dein Leben

Love me do

19 *Remember the Beatles Museum*

Die Lahn ist bekannt für ihre idyllischen Wander- und Wasserwege. Wer dabei das Großstadtflair vermisst, fährt ab Nassau 15 Kilometer ins blaue Ländchen hinein und landet direkt auf der weltberühmten Abbey Road. Vor dem Beatles Museum in Gemmerich erwartet die vier mal drei Meter große Abbildung des berühmten Beatles-Plattencovers alle Menschen, die den Fabulous Four auf dem Zebrastreifen Gesellschaft leisten möchten. Hier kann man Ringo Starr und George Harrison für ein Erinnerungsfoto die Hand schütteln oder alle Pilzköpfe aus einer englischen Telefonzelle heraus anschmachten.

Lässt man sich von den Klängen der Hits wie „Love me do" und „Let it be" ins Museum locken, wird man von Uli Schneider mit einem Glas Sekt in Empfang genommen. Er ist seit mehr als 40 Jahren Fan der Beatles und hat in seinem Museum in Gemmerich etwa 800 Exponate vereint. Von Originalbildern über Autogramme, Zeitungsmeldungen und Poster bis zu Souvenirs mit Beatles-Konterfei wie Armbanduhr oder Wunderkugel findet sich eine bunte Mischung an Erinnerungen aus einer fast vergessenen Zeit. Zu jedem Stück kann Uli Schneider eine Anekdote erzählen. Seit 1998 kommt er mit anderen Fans und Interessierten in seinem Museum ins Gespräch. Aus Begeisterung für das Lebensgefühl der 60er hört er bis heute jeden Tag mindestens einen Beatlessong. Im Sommer fährt er außerdem einen cremefarbenen VW Käfer, wie früher John Lennon. Der Musiker fuhr Käfer, nachdem es Ärger mit Rolls Royce gab. Wie es dazu kam, weiß Uli Schneider selbstverständlich zu berichten.

TIPP

Eintritt frei, Besichtigung nach Vereinbarung.

Neben den unzähligen Beatles-Artikeln finden sich charmante Schätze der 70er, wie ein Schallplattenverkaufsautomat. Für 4 DM konnte man hier 24/7 per Drehscheibe seine Wunschplatte kaufen. Auch ein Dampfradio und eine TV-Truhe sind zu bestaunen. Zu jeder LP hat der Beatlesfan eine kleine Geschichte zu erzählen, zu jeder Zeitungsmeldung einen spannenden Hintergrund. Egal, ob man Fan der Beatles ist oder nicht, Fan von Uli Schneider werden alle.

Remember The Beatles Museum, Uli Schneider, Gartenstraße17, 56357 Gemmerich, Tel. (0 67 76) 12 76
www.remember-the-beatles.de

Himmlisch nächtigen

20 *Das Wittgensteiner Himmelbett*

Mit dem Ausspruch von Erasmus von Rotterdam „Die höchste Form des Glücks ist ein Leben mit einem gewissen Grad an Verrücktheit" wirbt die Pension Klein für ihr ungewöhnliches Übernachtungsangebot: das „Wittgensteiner Himmelbett".

In einer ruhigen Umgebung mit wunderschönen Wanderwegen liegt die Pension Klein mit ihrem 1500 Quadratmeter großen Gartenzimmer. Der Raum ohne Wände erwartet den ganzen Sommer über abenteuerlustige Gäste. Diese schlafen unter freiem Himmel in einem nostalgischen weißen Bett romantisch bei Kerzenschein ein. Ein uriger Steinbrunnen und der alte Baumbestand auf der großen Rasenfläche sorgen für eine besondere Stimmung und schirmen vor neugierigen Blicken ab. Wer vor dem Zu-Bett-Gehen gemütlich zusammensitzen möchte, nutzt die rustikalen Sitzmöbel. Frisch Verliebte und lang verheiratete Paare atmen tief durch und genießen Mond und Sterne. Der romantische Sternenhimmel, das Gezwitscher der Vögel, die Geräusche der Nacht und die eine oder andere Sternschnuppe sind inklusive. Nach einem tiefen, friedlichen Schlaf wecken erste Sonnenstrahlen und leise Vogelgesänge die Gäste. Das Frühstück wird auf Wunsch direkt im Bett serviert. Alternativ wartet ein Buffett im Frühstücksraum.

Beim Übernachten genießt man pure Natur, ohne auf den Komfort eines richtigen Bettes zu verzichten. Eine Nacht im Wittgensteiner Himmelbett ist auch eine Reise in die Vergangenheit. Schließlich gehören zum Arrangement weiße, bodenlange Leinen-Nachthemden, eine stilechte Betthaube, geringelte Strickstrümpfe und Holzpantinen. Der Nachttopf und das Nachtlicht mit Kerzen stehen unter dem Bett bereit. Die Gäste haben für solche menschlichen Bedürfnisse zusätzlich einen Schlüssel fürs Haus. Sollte der Wettergott den abenteuerlustigen Gästen nicht gnädig sein, gehört zu jeder Buchung sicherheitshalber ein Appartement.

Wittgensteiner Himmelbett, Pension Klein, Ditzroder Weg 18, 57334 Bad Laasphe,
Tel. (0 27 52) 61 20
www.wittgensteiner-himmelbett.de

ÖPNV: Bahnhof Bad Laasphe, 25 Minuten Fußweg

Wie Gott im Westerwald

21 *Die kleine Fromagerie in Oberrod*

Schon der Anblick des charmanten Steinhauses zaubert Besuchern ein Lächeln ins Gesicht. Für die kleine Fromagerie lohnt sich ein Abstecher von der Lahn (20 km) in den Westerwald aus vielen Gründen. Im idyllischen Oberrod werden von März bis Ende November täglich 300 Liter gemolkene Ziegenmilch zu leckerstem Frisch- und Weichkäse, Camembert und Schnittkäse, Pecorino und Joghurt in zahlreichen Variationen traditionell verarbeitet.

Zur Fromagerie gehören ein Verkaufsladen, Gasträume und ein wunderschöner Innenhof. Die Räume sind mit französischem Möbel ausgestattet. In Kombination mit dem alten Mauerwerk und den frischen Produkten hat man das Gefühl, mitten in der Provence zu sein. Den besonderen Charme spürt man bei Events wie dem 7-Gang-Menü „Sinfonie der Sinne", „Traditionelle Küche" oder dem Angebot „Gin und Cheese" besonders intensiv. Alle Veranstaltungen werden mit einer Hofführung kombiniert.

Die mehr als 130 Ziegen wechseln ganzjährig nach Belieben zwischen Wiesenland und Stall. Von Dezember bis Februar sind sie im Mutterschutz. In dieser Zeit werden sie nicht gemolken, ab Anfang Februar bringen sie ihre Lämmer zur Welt. Bei der Vielzahl an Tieren ist es für den Besucher unmöglich, den Überblick zu behalten. Claudia Schäfer-Trumm scheint das mühelos zu gelingen. Sie gibt jeder Mutterziege einen Namen, ruft ihre Tiere wie kleine Kinder zusammen, streichelt sie und kennt charakterliche Eigenarten. Der liebevolle Umgang und die artgerechte Haltung sind die Basis ihrer Produkte. Feinkost- und Hofläden sowie Hotels und Restaurants in ganz Deutschland werden damit beliefert. Innerhalb weniger Jahre hat sich die kleine Fromagerie einen Platz unter den besten Ziegenkäsereien in Deutschland erobert. Angefangen hat alles 2005 mit einem Fernsehbeitrag zur Käseherstellung. Mittlerweile hat sie eine Heimat für ihre zahlreichen Tiere, einen eigenen Laden und ein nachhaltiges Glücksevent für alle Besucher geschaffen.

TIPP

Eine Teilnahme am Menü sollte man vorab online reservieren.

Die kleine Fromagerie, Obere Wiesenstraße 8, 56479 Oberrod, Tel. (0 26 64) 9 04 93
www.kleinefromagerie.de

Knusper, knusper, knäuschen

22 *Treppauf, treppab führt der Grimm-Dich-Pfad*

Wer Märchen mag, wird Marburg lieben. Die mittelalterlichen Fachwerkhäuser entlang der schmalen Gassen, die steilen Treppen und der pittoreske Marktplatz sowie das imposante Landgrafenschloss sind zauberhaft schön.

Zwischen 1802 und 1806 inspirierte diese Kulisse Jacob und Wilhelm Grimm bei ihrer Ideensammlung zu den berühmten Kinder- und Hausmärchen. Die Brüder studierten in dieser Zeit in Marburg Jura und wohnten in der Wendelgasse. Über Marburg schrieb Jacob Grimm: „Ich glaube, es sind mehr Treppen auf den Straßen als in den Häusern. In ein Haus geht man gar zum Dache hinein." Dass diese Behauptung kein Märchen ist, kann man im lutherischen Kirchhof selbst prüfen, denn die Eingangstür des Kirchhofs ist im Dach zu finden.

Heute erinnert der Grimm-Dich-Pfad an die märchenhaften Brüder. Seit 2009 lockt er mit Märchenfiguren in luftiger Höhe an Häusern, Treppen und Mauern zum Aufstieg durch die Altstadt bis zum Schloss. Im Teich des Alten Botanischen Gartens am Pilgrimstein schwimmt der Butt aus dem Märchen „Der Fischer und syn Fru". „Der Wolf und die Sieben Geißlein" sind an der Mauer am Steinweg zu bewundern. Ein Froschkönig thront über der Wasserscheide in der Neustadt. Das Lichtkunstwerk zum Märchen „Sterntaler" an der Universitätskirche am Kornmarkt ist bei Dunkelheit besonders schön. Über die Fassade eines Gebäudes am Markt schwirren kunstvolle, riesige Fliegen, passend zu „Das tapfere Schneiderlein". Direkt am Weinlädele am Schloßsteig steht ein Korb mit Weinflasche und Brot, um auf das „Rotkäppchen und der Wolf" hinzuweisen. In den Spiegel an der Schlossbergmauer könnte schon Schneewittchen geblickt haben. Wer den überdimensionalen roten Pumps im Weinberg unterhalb der Schlossmauer sieht, nähert sich Aschenputtels Erlebnissen. Das Lebkuchenhaus von Hänsel und Gretel ist im Giebel des Hauses Rübenstein 9 zu bewundern. Egal, ob man eine oder alle Stationen besucht, ein verschmitztes Lächeln ist garantiert.

TIPP

An allen Stationen können per QR-Code die Märchen nachgelesen werden.

Grimm-Dich-Pfad; den Plan samt Wegeführung gibt es bei: Marburg Stadt und Land Tourismus GmbH, Biegenstraße 15, 35307 Marburg, Tel. (0 64 21) 9 91 20
www.marburg-tourismus.de
ÖPNV: ZOB Marburg

Unterhaltsame Mathematik

23 *Das Mathematikum in Gießen*

An manchen Tagen ist der Körper aufgestanden, der Geist aber noch liegen geblieben. Alles wirkt wie immer, ist aber nicht so richtig greifbar. Man fühlt sich „wie in einer Seifenblase“.

Im Mathematikum lässt sich dieses Gefühl in eine Tatsache umwandeln. Man steigt in einen großen Reifen, der in einer Seifenlauge liegt, und zieht ihn von den Füßen bis hoch über den Kopf. Ein riesiger Spaß, bei dem nebenbei ein komplexes mathematisches Phänomen erklärt wird. Denn Seifenblasen bilden die kleinste Oberfläche zwischen Ecken und Kanten.

Auch der Faxenspiegel hat einen wissenschaftlichen Hintergrund. Wer sich mit Gesten und Grimassen austobt, lernt parallel einiges über Symmetrie. Im Nachbarraum der 1200 Quadratmeter großen Ausstellungsfläche bestimmt man seine Körpergröße als Binärzahl. Faszinierend ist auch das Riesenkaleidoskop. Hier spiegeln sich große und kleine Besucher wider und wider und wider.

Ein weiterer Anziehungspunkt ist der rote, schwebende Ball. Beim berührungslosen Steuern kommt man schnell außer Atem. Die Erkenntnisse zur Schwerelosigkeit geraten da schon mal in den Hintergrund.

Neben diesen fünf gibt es in Gießen weitere 165 Experimente zu bestaunen. Das Haus entstand auf Initiative des Mathematikers Prof. Dr. Albrecht Beutelspacher im Jahr 2002. Sieben Jahre später folgte das Mini-Mathematikum für Kinder bis acht. Das Haus möchte ein Anziehungspunkt für alle sein, die Mathe lieben, und besonders für die, die Mathe hassen. Wenn man die glücklichen Gesichter im Museum sieht, scheint das mühelos zu gelingen. Junge und ältere Menschen, Familien und Schülergruppen, Senioren und Paare genießen die vielen AHA-Momente, überall wird gelacht.

Zusätzlich zu den 170 Experimenten bietet das Mathematikum wechselnde Ausstellungen und thematische Führungen an. Es gibt außerdem ein Café und einen Museumsshop mit einem Angebot an kleinen Denksportaufgaben für zu Hause.

Mathematikum, Liebigstraße 8, 35390 Gießen, Tel. (06 41) 1 30 91-0, www.mathematikum.de

ÖPNV: Bahnhof Gießen

VACUUM

Hochgenuss

24 *Rundum glücklich im Dach Café hoch über Gießen*

Das Dach Café ist in Gießen eine feste Institution, die vom frühen Morgen bis in die tiefe Nacht zum Verweilen einlädt.

Am Morgen ist das Dachcafé der schönste Ort, um mit Freunden oder Familie in den Tag zu starten. Für Besucher ist es außerdem der perfekte Ausgangspunkt, um eine Entdeckungstour durch Gießen zu planen. Zur Unterstützung bei der Planung hält die Karte leckere Frühstücksvorschläge für den kleinen, großen, gesunden und sündigen Hunger bereit. Mittags bietet die Lunchkarte eine Auswahl an frisch zubereiteten, hochwertigen Gerichten. Am Abend sind die exklusiven Fleisch- und Fischgerichte wie Iberico und Loup de Mer besonders beliebt. Triangoli mit Lachs & Rucola verführen mit Martini-Safransauce, Spaghetti Chittara Beef mit Hackfleisch, Auberginen und Minze. Auch die feine Auswahl selbst gemachter Pizzen wie „White“ lädt mit einer Kombination aus Walnüssen, Feta und Cocktailtomaten zum sofortigen Probieren ein. Ganztags stehen außerdem Salate wie „lauwarmer Orient“ mit frittiertem Falafel oder „Lieblingskind“ mit karamellisiertem Ziegenkäse zur Wahl. Die Küche begeistert, der eigentliche Star der Lokalität aber ist die Aussicht. Das Dach Café befindet sich im 13. Stock von Gießens höchstem Gebäude. Von hier aus hat man einen spektakulären Rundumblick über die ganze Universitätsstadt. 140 Sitzgelegenheiten verteilen sich auf drei Räume. Da das Lokal nach allen vier Seiten verglast ist, hat jeder die Chance, einen Fensterplatz zu finden. Ergänzend zur umfangreichen Speisekarte bietet das Dach Café auf Vorbestellung täglich die Möglichkeit zum Afternoon-Tea mit einer dreistöckigen Etagere.

Wer noch höher hinaus möchte, nutzt die zum Restaurant gehörende Skybar im 14. Stock. Hier gibt es unter freiem Himmel ganztägig Kaffee und Kuchen, Cocktails wie Cosmopolitan und Long Island Icetea, Lunch und Dinner. Außerdem wird einmal im Monat mit House, Latin Beats und Charts Clubfeeling geschaffen. Dann wird die Bar zur Tanzfläche, und die Gäste genießen die Atmosphäre mit dem sensationellen Ausblick auf Gießen bei Nacht bis zum nächsten Sonnenaufgang.

Dach Café, Ludwigsplatz 11, 35390 Gießen
www.dachcafe.com
ÖPNV: Bus 2, 5, 371, Haltestelle Behördenzentrum, 5 Minuten Fußweg

Marburg fließend genießen

25 *Das stolze Schiff Elisabeth II in Marburg*

Elisabeth II verdankt ihre Existenz einem Langzeitarbeitslosen-Projekt des gemeinnützigen Vereins Marburger Bootswerft. Fast zwei Jahre dauerte die Restaurierung eines heruntergekommenen Fischkutters zu einem edlen Ausflugsboot. Seit 2010 ist sie nun eine der schönsten Attraktionen auf der Lahn.

Samstags, sonntags und an Feiertagen legt das dunkelrot und marineblau gestrichene Holzboot stündlich auf der unteren Lahn zu einer Rundfahrt am „Ufercafé Gischler" in Richtung Afföller Wehr ab. Am Ufer sieht man geduldige Angler und vom DLRG-Steg ins Wasser springende Kinder. Auf der Promenade liegen Menschen jeden Alters entspannt auf der Wiese und im Schatten der hohen Bäume. Lässt man den Blick weiter schweifen, sieht man in urige Hinterhöfe und auf blumige Lahnterrassen, zu historischen Häusern und dem Kaiser-Wilhelm-Turm, der im Volksmund Spiegelslustturm heißt. Auch die gotische Kirche, in der die Namenspatronin des Schiffes begraben ist, sowie das Landgrafenschloss blitzen einen Moment zwischen hohen Bäumen und üppigem Uferbewuchs auf.

Jeder der neun Bootsführer weiß zu vielen Winkeln der Stadt eine Anekdote zu erzählen. Die Gäste erfahren, wo früher der Marburger Hafen war, was es mit dem Herzen am Spiegelslustturm auf sich hat und welche Tiere in der Lahn beheimatet sind. Die Hintergründe zum Schiffsnamen sind ebenfalls interessant. Elisabeth II ist keineswegs auf die Queen von England zurückzuführen. Der Name ehrt die berühmteste Marburgerin, die heiliggesprochene Landgräfin Elisabeth von Thüringen, die sich im 12. Jahrhundert aufopferungsvoll um Arme und Kranke kümmerte. Die Flasche, mit der das Schiff getauft wurde, findet sich aus alter Tradition als Talisman an Bord und begleitet jede Ausfahrt.

Den ganzen Sommer über tuckert das sieben Meter lange Elektroboot mit etwa fünf Stundenkilometern über die Lahn und verführt seine Passagiere mit diesem gemächlichen Tempo dazu innezuhalten, die Natur zu genießen und dem Treiben an Land entspannt zuzusehen.

Lahnschiff Elisabeth II, Bootsverleih/Ufercafé, Auf dem Wehr 1 a, 35037 Marburg
www.lahnschiff-elisabeth.de
ÖPNV: ZOB Marburg

Die grüne Entspannung

26 *Der Botanische Garten mitten in Gießen*

Im Zentrum der Altstadt von Gießen befindet sich seit 1609 der Botanische Garten der Justus-Liebig-Universität. Die wissenschaftliche Einrichtung des Fachbereichs Biologie und Chemie ist von März bis Oktober für jedermann kostenlos geöffnet. Auf einer Fläche von etwa drei Hektar bieten 7500 Pflanzenarten aus der ganzen Welt berührende Momente für alle Sinne.

Geht man durch das schmiedeeiserne Tor in den Garten, wird man von einem Zauber aus Ruhe und Natur empfangen. Der Baumbestand mit 200-jährigen Buchen und einem Gingko, der bereits seit 1816 vor Ort ist, schirmen den Lärm der Stadt ab. Neben diesem mittlerweile etwa 18 Meter hohen Riesen ist ein kleiner Platz zum Verweilen. Hier kann man in Ruhe ein Buch lesen, mitgebrachte Speisen und Getränke verzehren. Beim Rundgang durch den Park beeindruckt die Vielfalt der Pflanzen. Der kleine Teich mit seiner Blutbuche und deren leuchtenden, roten Blättern ermöglicht einen der farbenprächtigsten Momente. Direkt daneben ist das Alpinum. Dort finden sich Pflanzen, die oberhalb der Baumgrenze auf der ganzen Welt wachsen.

TIPP An einer Sonntagsführung teilnehmen!

Intensive Sinnesreize sendet auch der Blindengarten mit einem Duft- und Tastareal. Seine Kräuter, Stauden und Gehölze bescheren Blinden wie Sehenden einzigartige haptische und olfaktorische Augenblicke. Intensiv duftet die römische Kamille. Haptisch verwirrend wirkt die Zuckerhutfichte, denn das kleine Gehölz ist stachelig, verursacht aber keine Verletzungen. Beim weiteren Rundgang entdeckt man eine Blumenuhr, die Tageszeit, Monate und Jahreszeiten in drei Kreisen vereint. Auch die große Abteilung an Medizinalpflanzen bringt interessante Erkenntnisse. Denn ob es sich bei den vorhandenen Gewächsen um Heil- oder Giftpflanzen handelt, entscheidet, wie schon Paracelsus im 15. Jahrhundert lehrte, allein die Dosis. Und eine doppelte Dosis Glück versprechen die vielfältigen Duft- und Farbeindrücke, die Haptik der Blätter und Stämme und die Geräusche der Tiere.

Botanischer Garten der Justus-Liebig-Universität Gießen, Senckenbergstraße 6, 35390 Gießen, Tel. (06 41) 99-3 52 40
www.uni-giessen.de/ueber-uns/botanischer-garten
ÖPNV: Bahnhof Oswaldsgarten

Voilà ein feiner Ausblick

27 *Die stilvolle Pause in Marburg*

Wer ausgiebig frühstücken möchte, leckere Entspannung in der Mittagspause sucht, gemütlich bei Kaffee und Kuchen zusammensitzen will oder ein romantisches Abendessen plant, ist in der Pause in Marburg perfekt aufgehoben. Das liebevoll eingerichtete Bistro, Café und Restaurant hat Innen- und Außenplätze, verteilt auf zwei Terrassen. Ergattert man einen Fensterplatz, sind der Genuss der frisch zubereiteten Speisen im rustikal-französischen Ambiente sowie ein traumhafter Ausblick sicher.
In den Sommermonaten nehmen Gäste bevorzugt auf den beiden charmanten begrünten Terrassen Platz und fühlen sich wie im Urlaub in der Provence, während man den hausgemachten Eistee und eine Quiche aus regionalen Zutaten genießt. Seit der Eröffnung 2011 gilt die Pause in der Oberstadt von Marburg als eines der gemütlichsten Cafés Marburgs.
An jedem Morgen werden vor Ort Brötchen, Croissants und Baguettes gebacken. Betritt man den Gastraum, steigt augenblicklich ein verführerischer Duft in die Nase. Nun steht die Wahl zwischen einem französischen, typisch mitteleuropäischen, mediterranen, vegetarischen oder veganen Frühstück an. Die Pause bietet das, was ihr Name erhoffen lässt, eine Oase der Ruhe. Mitten in der Altstadt von Marburg und doch weit weg von jedem Trubel. Wer hier Platz nimmt, kann den Moment genießen. Dafür sind auch die einfallsreichen Gerichte und die hochwertigen Zutaten verantwortlich. Neben Regionalem wie Eiern, Obst und Gemüse werden Bioprodukte zum Kochen genutzt. Die saisonal wechselnden Speisen mit französischem Charme, wie gebratener Ziegenkäse auf Äpfeln oder Käsefondue, werden in der kleinen Küche zubereitet und liebevoll angerichtet. Seit Kurzem sind alle Angebote für den kleinen und großen Hunger in der Pause grundsätzlich fleischlos. Beim Frühstück ist seitdem der herzhafte Tomatenaufstrich besonders beliebt. Veganes wie Linsensalat und Glutenfreies wie der Lemon-Curd-Kuchen sehen nicht nur toll aus, sondern sind eine köstliche Entdeckung!

Die Pause, Wettergasse 16, 35037 Marburg, Tel. (0 64 21) 1 83 18 04
www.die-pause-marburg.de
ÖPNV: ZOB Marburg

Hören, Staunen, Schmecken

28 *Erlebnisstadtführungen in Marburg*

Marburg ist der grüne Tausendsassa unter den Städten an der Lahn. Man kann herrlich am Fluss sitzen oder entspannt von der Elisabethkirche aus bergaufwärts durch die Altstadt bis zum Landgrafenschloss wandern. Die Oberstadt ist schief und buckelig, verwinkelt und steil, denn tausend Treppen und Gassen gehören zur hessischen Universitätsstadt.
Das Mittelalter ist spürbar, gleichzeitig umweht ein frischer Geist die alten Fachwerkhäuser. Start-ups erblühen in historischer Bausubstanz, Fachwerk spiegelt sich in großzügigen Glasfassaden, und die nächste Grünfläche ist nie weit entfernt. Die komplett verkehrsberuhigte Oberstadt erreicht man über zahlreiche Treppenstufen oder mit einem der beiden Oberstadtaufzüge am Pilgrimstein.
1527 gründete Landgraf Philipp in Marburg die erste protestantische Universität. Die „Alma Mater Philippina" prägt den Marburger Alltag bis heute, denn jeder vierte Einwohner studiert. Der meistzitierte Satz über die Stadt an der Lahn lautet folglich: „Marburg hat keine Universität, Marburg ist eine Universität."
Bei einer Themenführung unter dem Motto „3-Gänge Marburg – Hören, Staunen, Schmecken." lernen Besucher das andere, mittelalterliche Marburg kennen. Das kulinarische und historische Erlebnis beginnt an der Elisabethkirche, in der die Heilige Elisabeth begraben ist. Hinter der Kirche finden sich beeindruckende Skulpturen, die die fünf Tugenden Glaube, Hoffnung, Liebe, Gerechtigkeit und Mäßigung symbolisieren. Außerdem kann man von hier das „schwarze Wasser" sehen. Ein historisches Gewässer, in dem die Heilige Elisabeth im 12. Jahrhundert die Wäsche von Kranken gewaschen hat.
Weiter geht es mit dem Gästeführer durch enge Gassen hangaufwärts zum Markt mit dem imposanten Rathaus bis zum Landgrafenschloss auf dem Berg. In den kleinen Gässchen der Altstadt findet sich allerlei Geschichtsträchtiges, von den Brüdern Grimm, von Martin Luther und dem Nobelpreisträger Emil von Behring. Zum Abschluss sorgt die Einkehr in drei typische Marburger Gasthäuser für den leiblichen Genuss.

Erlebnisstadtführung, Marburg Stadt und Land Tourismus GmbH, Biegenstraße 15, 35307 Marburg, Tel. (0 64 21) 9 91 20, www.marburg-tourismus.de

ÖPNV: ZOB Marburg

So schmeckt Italien

29 *Die kleine Manufaktur Sardolci in Limburg*

Sardolci steht für Dolce Vita aus Sardinien. Bei der Pastamanufaktur aus Limburg wird das süße Leben mit köstlichen Produkten aus selbst angebauten oder biologisch bzw. regional bezogenen Zutaten verbunden. Kombiniert mit viel Amore für die Zubereitung entstehen unvergleichlich leckere Pasta, Brote, Soßen und Gebäck.

Den köstlichen Duft von frischem Brot riecht man sofort, wenn man den Laden in der Limburger Altstadt betritt. Das leckere, saftige Kartoffelbrot nach dem Rezept der Nonna bäckt Serena Loddo täglich. Außerdem gibt es an jedem Tag gefüllte Ravioli und Culurgiones, sardische Teigtaschen, mit Kartoffel-Käse-Minze-Füllung. Auch die ofenfertige Lasagne ist längst kein Geheimtipp mehr. Neben dem festen Sortiment sind saisonale Leckereien wie Coccoi, ein geflochtenes Osterbrot, beliebt. Bei der Pasta variieren die Füllungen je nach Jahreszeit. Wenn Kürbis- oder Pilzzeit ist, werden köstliche Kombinationen kreiert. Im Winter locken Trüffelvariationen.

Das Olivenöl stammt aus eigenem Anbau und wird zweimal im Jahr selbst gepresst. Die Mandelernte findet in Sardinien im September statt. Die Frucht wird in Limburg ganzjährig zu leckerem Gebäck verarbeitet. Eine Spezialität ist die hausgemachte Schokocreme. Sie entsteht aus selbst gerösteten Haselnüssen und feinem Olivenöl. Perfekt zum Kartoffelbrot.

In der gläsernen Bäckerei kann man den Mitarbeiterinnen jederzeit beim Zubereiten von Pasta, Broten und Amaretti Sardi zusehen. Die ganze Familie arbeitet hier täglich Hand in Hand. Wer sich ein Stück Italien als Vorrat, Souvenir oder Geschenk mitnehmen möchte, greift zu den länger haltbaren, getrockneten Nudeln.

Die Inhaberin Serena Loddo hat sich mit dem Laden einen Kindheitstraum erfüllt. Gern gibt sie Tipps für die Zubereitung. Schlägt man beispielsweise über heiße, al dente gekochte Nudeln ein rohes Ei und gibt dann die hausgemachte Nudelsoße darüber, entsteht eine perfekte Verbindung. Glück kann so einfach sein!

Sardolci (Meloni), Kornmarkt 1, Ecke Fleischgasse, 65549 Limburg an der Lahn, Tel. (0 64 31) 4 78 06 20, www.sardolci.de
ÖPNV: ZOB Limburg

8,50€
500ml

Märchenhafte Einblicke

30 *Das mittelalterliche Schloss in Braunfels*

Das Schloss thront märchenhaft auf einer Basaltkuppe über Braunfels. Seit mehr als 800 Jahren ist es Sitz der Grafen von Solms und noch heute Familieneigentum. Das sogenannte hessische Neuschwanstein wurde bereits für zahlreiche Kino- und Fernsehproduktionen zur traumhaften Kulisse.

Betritt man den imposanten Rittersaal, fühlt man sich ins Mittelalter zurückversetzt. Überall Schlag-, Stich- und Feuerwaffen sowie Rüstungen für Krieger und Pferde. Aus der Zeit der Kreuzzüge sind ein Schwert und ein Kettenhemd aus 60.000 kleinen Ringen zu bestaunen. Die „leichten" Kampfrüstungen wiegen 25 Kilo, die Wachrüstungen kommen auf bis zu 54 Kilo. Unglaublich, dass ausgerechnet dieser martialische Saal ein Geburtstagsgeschenk von Fürst Ferdinand (1797–1873) an seine Gattin war.

Die Wohnräume sind mit einer enormen Zahl an Familienporträts aller Jahrhunderte geschmückt. Darunter finden sich Adelige, die mit ihrem Wirken weit über ihre Lebenszeit hinaus Einfluss genommen haben. Wie die 1602 in Braunfels geborene Amalie von Solms. Sie hat mit ihrer Heiratspolitik (fünf Kinder wurden bestmöglich nach Preußen, England und in die Niederlande verheiratet) den europaweiten Einfluss der Familie über viele Generationen gesichert.

TIPP Im Sommer findet im Schlosshof eine Sommeroper statt.

Neben der Ahnengalerie sind Gemälde mit mythologischen und allegorischen Szenen aus Europas berühmtesten Malschulen von der Renaissance bis zum Klassizismus allgegenwärtig. Naturszenen wie das „Hirschrudel im Schnee" von Johannes Deiker sind einen intensiven Blick wert, denn bei diesem Bild wurde der mittlere Hirsch mit dem Mona-Lisa-Effekt ausgestattet. Egal, von wo man das Gemälde betrachtet, man fühlt sich beobachtet.

Das Schloss bietet erstaunliche Geschichten aus allen Epochen. Wer gerne wüsste, wo New Braunfels liegt, wer Texas Carl war oder warum Prinzessin Luise immer ein Halstuch trug, kann dies bei einer unterhaltsamen Führung erfahren.

Schloss Braunfels, In den Anlagen 4, 35619 Braunfels, Tel. (0 64 42) 50 02
www.schloss-braunfels.de
ÖPNV: Ab Wetzlar Bus 185, Haltestelle Braunfels Busbahnhof

Haus des lesenden Drachen

31 *Die phantastische Bibliothek*

Für Fans von Raumschiff Enterprise, Harry Potter, Rapunzel oder Dracula wird in Wetzlar ein Traum wahr. In der phantastischen Bibliothek befinden sich mehr als 291.000 Bücher aus den Bereichen Fantasy, Science-Fiction, Phantastik, Märchen und Horrorliteratur. Die weltweit größte öffentliche Sammlung phantastischer Literatur verteilt sich auf ein ganzes Haus. In diesem „Haus des lesenden Drachen" eröffnet sich in jedem Zimmer eine andere Welt. So locken Drachen und Burg zum Genre Mythen und Sagen. Möbel aus Science-Fiction-Literatur laden dazu ein, bei „Schöne neue Welt" zu verweilen oder die Ausgaben von Orwells „1984" zu bestaunen.
Auf die jüngeren und jung gebliebenen Leser warten E. T. und Pumuckl in einer Plüsch- und Buchausgabe im Obergeschoss. Damit Vampirbücher im unteren Geschoss gefahrlos durchstöbert werden können, wurde sicherheitshalber Knoblauch aufgehängt. Utopien und Dystopien stehen gleich nebenan. Vor deren hoffnungsvollen und furchteinflößenden Ideen retten sich Büchermenschen, indem sie den Raum wechseln und die umfangreichen Sammlungen zu Karl May, Jules Verne und anderen bestaunen. Während und außerhalb der Öffnungszeiten gibt es Bibliotheksführungen, bei denen auf die Wünsche der Interessierten gern eingegangen wird. Außerdem locken immer wieder besondere Veranstaltungen in die Räumlichkeiten.
Die Bibliothek wird nicht nur zum Spaß, sondern auch für die Wissenschaft genutzt. Die Phantastische Bibliothek ist auch eine Forschungsbibliothek mit angeschlossener Akademie. Der Bestand wird von Wissenschaftlern und Kulturinteressierten aus ganz Europa genutzt, um Buchideen auf deren Relevanz für die Zukunft zu prüfen. Wie sinnvoll das ist, wusste schon Einstein, er wird hier mit „Phantasie ist wichtiger als Wissen, denn Wissen ist begrenzt" gern zitiert. Wer in die Vergangenheit eintauchen möchte, etwas Zukunft schnuppern will oder einfach gern durch die Räume mit beeindruckend vielen Regalen streift, um den intensiven Duft von Büchern zu genießen, ist herzlich eingeladen.

Phantastische Bibliothek Wetzlar, Turmstraße 20, 35578 Wetzlar, Tel. (0 64 41) 40 01-0
www.phantastik.eu
ÖPNV: Ab Wetzlar Bus 11, 12, 18, Haltestelle Brühlsbachstraße

MARION ZIMMER BRADLEY
DER FLUCH DER SCHWARZEN LILIE
Das Licht von Atlantis

Glück kann man essen

32 *Hermanns charmantes Café in Limburg*

Eine kleine Oase der Ruhe und Köstlichkeit ist Hermanns Café auf der Plötze in der Altstadt von Limburg. Hermann und Sonja Formeier bieten hier von Dienstag bis Sonntag hausgemachte Kuchen, regionale Frühstücksspezialitäten und wechselnde Mittagsgerichte an.
Mit dem „Guten-Morgen-Frühstück" gelingt Einheimischen und Touristen, Zwanzig- wie Siebzigjährigen ein gesunder und leckerer Start in den Tag. Neben knackigen Bäckerbrötchen und Aufschnitt sind hausgemachte Marmelade mit Früchten aus dem heimischen Garten, ein Quark mit Obst sowie ein vor Ort gepresster Vitamincocktail enthalten.
Zum Mittagessen gibt es eine kleine Karte mit fünf vierzehntägig wechselnden Speisen. Beide Inhaber sind gelernte Köche und legen großen Wert auf frische, saisonale Zubereitung und hohe Qualität bei allen Zutaten.
Wer lieber zur nachmittäglichen Kaffeezeit vorbeischaut, wird das Kuchenbuffet lieben. Wechselnde Angebote von der Eiskaffee-Kirschtorte über die Erdbeerstracciatella-Variante und den Rhabarberschmandkuchen im Mai sowie die Käse-Sahne-Nougattorte im Winter laden zum Schlemmen ein. Im Sommer wird Sonjas hausgemachter Eistee besonders gern getrunken, im Winter der selbst gemachte Punsch. In der kalten Jahreszeit sind außerdem frisch gebackene Plätzchen und Stollen begehrt. Beides sind köstliche Mitbringsel oder auch Trostpflaster, falls die sieben Tische im Innenraum und die sechs Tische außen belegt sind.
Jeder, der das Glück hat, im Sommer draußen Platz zu nehmen, kann neben den leckeren Speisen das muntere Treiben auf dem kleinen Platz mit den windschiefen Fachwerkhäuschen und dem sagenumwobenen Ritter-Hattstein-Brunnen, besser bekannt als „Säuferbrunnen", genießen.
Hermanns Café erfreut sich großer Beliebtheit. Wer einmal dort war, kommt wieder und wird schnell zum Stammgast. Umso charmanter, dass die jetzigen Inhaber an der seit 1956 unveränderten Größe des Ladenlokals festhalten und so den intimen Rahmen und die familiäre Atmosphäre bewahren.

TIPP
Direkt am Brunnen vor dem Café starten die unterhaltsamen Nachtwächterführungen durch die Altstadt.

Hermanns Café, Plötze 10, 65549 Limburg an der Lahn, Tel. (0 64 31) 21 75 79
www.hermanns-cafe.de/
ÖPNV: Bahnhof Limburg (Lahn), 6 Minuten Fußweg

Hausgemachte
Nussecken
€ 2,50
Hermann's Café

Saunieren auf der Lahn

33 *Wildromantische Emser Therme*

Seit 2011 lockt die Emser Therme mit einer besonderen Kombination aus Thermalbad und Saunapark. Ein einzigartiges Highlight ist der Outdoorbereich direkt auf der Lahn. Hier kann man zwischen einer hochtemperierten Aufguss-Sauna und einer etwas moderater erwärmten Klangsauna wählen. Außerdem gibt es eine Panoramabar mit Relaxsesseln und eine chillige Terrasse direkt auf der Lahn zur Entspannung. Überall bietet sich ein einzigartiger Ausblick auf den Fluss, das Lahntal, den Malberg und die gegenüberliegende Insel Silberau.

Nachdem jeder sein Plätzchen gefunden hat, entspannt der Anblick des rauschenden Wassers. Im Saunapark stehen innen und außen weitere Saunen in unterschiedlichen Temperaturen, mit wechselnden Aromen und Farbspielen zur Verfügung. Aufgüsse mit Aromaölen werden in Kombination mit leckerem, kühlem Obst angeboten. Die Kaminlounge und die Ruheoase im Hauptgebäude laden zwischen den Gängen zum Relaxen ein. An der Saunabar stehen gesunde Säfte und kleine Snacks bereit. Hier kann man sich seinen eigenen Buttermilchshake oder frisch gepressten Saft, einen Wunschsalat und individuelle Quark- und Joghurtspeisen zusammenstellen.

Im Thermalbad warten ein großes Thermalbecken, ein Sprudelbecken, ein Bewegungsbecken sowie Heiß- und Kaltbecken auf sportliche Schwimmer und ruhige Genießer. Wellnessanwendungen wie die Salzinhalation mit dem berühmten Emser Salz, das Sidroga-Kräuterdampfbad und ein einzigartiges Regenfeld wurden ebenfalls integriert. Im Außenbereich finden sich Thermal-Außenbecken und Sportbecken sowie eine großzügige Liegewiese, beide mit direktem Blick auf die Lahn. Perfekte Voraussetzungen, um unter freiem Himmel auszuruhen. Ein Spabereich mit Wellnessanwendungen, vom Wasserschwebebett bis zur Hamam-Zeremonie ergänzen das Rundum-sorglos-Angebot ebenso wie das Restaurant Halberts mit seiner regionalen Wellnessküche. Beliebt sind die Mottonächte, jeden letzten Freitag im Monat gibt's besondere Aufgüsse, und die tun gut!

TIPP Einen besonders entspannten Saunatag verbringt man unter der Woche, wenn es nicht so voll ist.

Emser Therme GmbH, Viktoriaallee 25, 56130 Bad Ems, Tel. (0 26 03) 9 79 00
www.emser-therme.de
ÖPNV: Bahnhof Bad Ems, 11 Minuten Fußweg

Emser

Edelsteine zum Glück

34 *Lilos verrückter Laden in Limburg*

Lilos Laden ist eine Welt aus Mineralien, Edelsteinen, Silberschmuck und Souvenirs. Duftöle und Räucherwerk verströmen wechselnde Aromen. Das älteste Fachgeschäft in der Altstadt von Limburg ist einzigartig und bietet Glück gleich in mehreren Formen.

Die Edelsteintheke im hinteren Drittel des Raumes zieht mit ihrer Farbenpracht aus Türkis, Tigerauge, rotem Jaspis und blauem Achat magisch an. Die Steine sind nach Art und Heilwirkung sortiert. Man kann sich spontan einen Stein aussuchen oder nach der Ayurveda-Edelsteintherapie beraten lassen. Die Inhaberin und ihre beiden Angestellten individualisieren die Edelsteinberatung auf Wunsch mit einem Pendel. Die Energiezentren im Körper werden so von Kopf bis Fuß ermittelt. Der Körper wird dabei in Regenbogenfarben unterteilt, am Kopf violett startend bis unter den Füßen tiefrot endend. Die Farben sind dem spirituellen Chakrensystem sowie Edelsteinen zugeordnet. Findet sich in einem Bereich zu viel oder zu wenig Energie, wird sie mithilfe der Steine ausgeglichen. Neben dieser Heilwirkung, die in Europa durch Hildegard von Bingen populär wurde, gibt es eine Zuordnung von Edelsteinen zu jedem Geburtsdatum. Diese Geburtssteine sind ein besonders individuelles und schmückendes Souvenir.

Wer sein Glück bei den Edelsteinen nicht findet, kann in Lilos Laden den exklusiv vertriebenen Limburger Glücksduft, ein ätherisches Öl mit geheimer Mischung, ausprobieren. Alternativ dazu gibt es selbst hergestellten Glücksweihrauch, der über einem Teelicht in einem Räucherstövchen abgebrannt wird. Beide stimulieren die Sinne olfaktorisch.

Die Inhaberin Lilo Brinkmann ist Diamantgutachterin und Edelsteinfachberaterin. In ihrer kraftvollen Art beglückt sie seit 52 Jahren Kunden mit ihren Edelstein-Erfahrungen und mit ihren Lebensweisheiten zu den steinigen Aufgaben des Lebens.

Lilos Laden, Fleischgasse 10, 65549 Limburg an der Lahn, Tel. (0 64 31) 2 23 44
www.lilosladen-limburg.de
ÖPNV: ZOB Limburg, 5 Minuten Fußweg

Rosenkohl

35 *Die spektakuläre Ruppertsklamm in Lahnstein*

Ein idyllischer Wanderweg beginnt direkt hinter dem hölzernen Tor am „Eingang zur wildromantischen Ruppertsklamm“. Folgt man ihm, beginnt nach wenigen Hundert Metern das Abenteuer. Ein kleiner Bach hat sich tief in Tonschiefer und Sandstein gegraben. Zwischen 1910 und 1912 wurde die Klamm unter der Leitung von Theodor Zeis erschlossen. Seit 1936 steht sie unter Naturschutz. Eine Gedenktafel an der imposanten glatten Felswand erinnert daran. Es gibt Stellen, an denen man sich mit einem Seil entlanghangelt, anderswo sind Stufen in den Felsen gehauen. Kleine Brücken helfen, Hürden zu überwinden. Die vermoosten Felsen sind ebenso schön wie glitschig. Wer eine Taschenlampe mitführt, kann kurz vor dem Ende der Klamm einen Tunnel erforschen.

Idealerweise startet eine Wanderung an der oberen Eingangsstelle der Klamm direkt an der B 260. Vom Parkplatz aus ist das hölzerne Tor nur hundert Meter entfernt. Von hier wandert man die Klamm hinab. Geboten wird eine spannende Mischung aus Waldwegen und Kletter-Abenteuer. Die einzigartige Atmosphäre wird von moosigem Naturduft begleitet. Kommt die Sonne zwischen den Bäumen hindurch, ergibt sich auf den feuchten Felswänden ein prachtvolles Farbenspiel. Für die Strecke nach unten und wieder steil bergauf sollte man eine gute Stunde Zeit einplanen.

Am oberen Ende der Klamm steht vor dem Eingang für Wanderer eine Schutzhütte bereit. Hier kann man mit selbst mitgebrachten Speisen eine entspannte Pause verbringen. Alternativ befindet sich am unteren Ende der Klamm die Gaststätte „Zum Schleusenhäuschen“. Sie lädt in den Sommermonaten täglich zum romantisch-urigen Verweilen ein. Direkt am Lahnufer lassen sich hier die Hausboote im Hafen beobachten.

Wer die Wanderung erweitern möchte, kann die Ruppertsklamm als Teil des Lahnwanderwegs oder des Rheinsteigs durchqueren. Beide Wanderwege führen direkt hindurch. Der Lahnwanderweg ist perfekt mit einer Besichtigung der Stadt Lahnstein, der Rheinsteig mit einer Stippvisite des mondänen Bad Ems zu kombinieren.

Ruppertsklamm, 56112 Lahnstein & Zum Schleusenhäuschen, Emser Landstraße 20, 56112 Lahnstein, Tel. (0 26 21) 62 73 12
www.ruppertsklamm.de

Go with your Flow

36 *Das inspirierende Yana Yoga Loft in Limburg*

Im ruhigen Limburger Stadtteil Eschhofen liegt das Yoga Loft. Am Eingang des edlen Studios erwartet die Inhaberin Yana Miklyaeva-Schmitz ihre Gäste. Buddhafigur und Om-Symbol laden in der kleinen, goldenen Lounge gemeinsam mit der Inhaberin zu Tee und Entspannung ein.

Im Foyer fühlt man sich ebenso wohl wie im großen Übungsraum mit Holzparkett und bodentiefen Fenstern. Wöchentlich finden fünfzehn Yoga- und Meditationskurse sowie zahlreiche Workshops statt. Für alle Angebote liegen Matten, Kissen, Yoga-Bolster, Decken und Co. bereit. Die Workshops zu Themen wie Meditation, Yin Yoga, Achtsamkeit, ayurvedische Ernährung, Selbstmassage, Qigong, Yoga Nidra und Yoga für Paare finden meist am Wochenende statt. Innerhalb von zwei, drei Stunden bekommt man einen umfassenden Überblick und kann die Wirkung der Übungen auf den eigenen Körper und Geist ausprobieren. Die Meditationskurse im Yoga Loft sind ideal für alle, die wissen möchten, was sich hinter der vielgerühmten Methode verbirgt, und Lust haben, etwas Neues auszuprobieren. Der Workshop kann ein toller Impuls sein, um die eigene Tagesroutine zu erweitern. Zunächst wird erläutert, was Meditation genau bedeutet, welche Traditionen es gibt und wie sich diese Form der Achtsamkeit im Laufe der Zeit entwickelt hat. Gemeinsam werden dann unterschiedliche Übungen ausprobiert.

Ob der eigene Herzschlag beim Meditieren ruhiger wird, wie der Körper entspannt und der Geist still wird, lässt sich vor Ort bei Licht-, Geh-, Atem- und Essmeditation beobachten. Wer nimmt sich im Alltag schon Zeit, um ein kleines Stück Schokolade intensiv zu betrachten und auf der Zunge zergehen zu lassen? Wer achtet auf dem Weg durch den Wald oder zur Arbeit wirklich auf seine Schritte? Diese und weitere Erfahrungen können das eigene Empfinden bereichern und neue Routinen prägen. Ein echter Gewinn, denn zwischenzeitlich haben zahlreiche Studien bewiesen, dass Meditation Stress reduziert und die Verbindung zum Körper intensiviert. Für das ultimative Wohlfühl-Erlebnis kann man sich im Anschluss eine ayurvedische Massage gönnen.

Yana Yoga Loft, Yana Miklyaeva-Schmitz, Rheinstraße 15, 65552 Limburg-Eschhofen, Tel. (0 64 31) 7 78 05 45, www.yana-yoga.de

ÖPNV: Bahnhof Eschhofen, 7 Minuten Fußweg

namaste

Eine Eselsbrücke bauen

37 *Der tierisch schöne Krafthof in Gladenbach*

Es gibt zahlreiche Redewendungen zum Esel, die wenigsten sind schmeichelhaft. Ein riesiges Missverständnis, findet Heike Battenfeld, Inhaberin des Krafthofs in Gladenbach. Sie hat vier Esel zu Therapietieren ausgebildet und nutzt deren besondere Eigenschaften, um Menschen bei ihrer Selbstentwicklung zu unterstützen. Esel sind nicht moralisierend, unempfindlich gegen Äußerlichkeiten und decken gnadenlos auf, was den Menschen beschäftigt.

Die intensive Wirkung kann man bei einer kulinarischen Erlebnisführung im Krafthof erleben. Jede Wanderung startet mit einer Annäherung, z. B. beim Bürsten der Tiere sowie bei einem ersten Einblick in die Welt der Esel. Man erfährt, dass sie nur störrisch sind, wenn man ihnen den eigenen Willen aufzwingen will. Versucht man ein Team zu bilden, kommen beide voran. Die vier Eselsdamen Ylvie (kleine Wölfin), Tenshi (Engel), Nayla (Mädchen aus dem Himmel) und Glöckchen suchen sich ihre Begleiter gern selbst aus. Dann geht es direkt hinter dem Hof in den Wald, hinauf bis zu einem spektakulären Ausblick über den Lahn-Dill-Naturpark. Führt man seine Eselsdame gedankenabwesend, nutzt sie diese Möglichkeit und bleibt stehen oder frisst am Wegesrand. Erst wenn sie die volle Aufmerksamkeit ihres Begleiters zurückerlangt hat, setzt sie sich wieder in Bewegung. Die ausgebildete Heilpraktikerin für Psychotherapie, Sozialpädagogin und Reittherapeutin bemerkt bei ihren Teilnehmern und Teilnehmerinnen immer wieder wunderbare Momente der Selbstvergessenheit und des Einsseins mit den Tieren. Über die persönlichen Empfindungen tauschen sich die Teilnehmer nach der Wanderung im idyllischen Hof, mit Zitronenbaum und Kräutergarten, Perlhühnern und Hunden, aus. Dazu gibt es hausgemachte, köstliche Kuchen vom Grill. Die Touren werden von Familien und Kindern, Gruppen und als Teambuildingmaßnahmen gebucht. Neben dem wunderschönen Innenhof steht ein atmosphärisches Café mit Bruchsteinmauer und Klavier, stylischer Kaffeemaschine und antiken Holzmöbeln für individuelle Workshops und Angebote wie den eintägigen Eselsworkshop oder die Herz-Kraftseminare zur Verfügung.

Der Krafthof, Heike Battenfeld, Zur Hohen Straße 4, 35075 Gladenbach, Tel. (0 64 62) 4 09 59 27
www.krafthof.de

Essbare Kindheitsträume

38 *Shabby Chic im Café Blütezeit in Brechen*

Wer das Café Blütezeit besucht, nimmt in einer bunten Welt Platz. Im Garten steht den ganzen Sommer über ein großes Zirkuszelt, das für Feiern im Boho-Schick, Glitzer- oder Country-Style erstrahlt. Der Gastraum mit Terrasse ist hell und pastellig eingerichtet. Ein nostalgischer Riesen-Kaugummiautomat wartet neben einem hellgrünen Schaukelstuhl auf Gäste. Die Inhaber haben das alte Steinhaus in ein Kleinod verwandelt. Hinter dem Haus stehen Pferde. Von der Terrasse sieht man auf einen kleinen Teich und einen riesigen Baum mit rosafarbener Schaukel. Im Café stehen neben alten Holzmöbeln moderne Designertischchen und 50er-Jahre-Spaghettistühle. Auf der Theke locken Retro-Süßigkeiten wie essbare Armbänder, die so manch einen in die eigene Kindheit zurückversetzen.

Eigentlich wollte Jenny Steinebach das Café nur im Sommer öffnen. In den Monaten, in denen die Natur erblüht. Aus dieser Überlegung entstand der Name Blütezeit. Geöffnet wurde von Anfang an ganzjährig, der schöne Name blieb erhalten.

TIPP

Am Haus entlang führen ein Fahrrad- und zwei Wanderwege.

Die Frühstückskarte bietet ausgewählte Kombinationen für Vegetarier, Wurst-, Käse- und Müsliliebhaber in Bioqualität. Mittags gibt es immer wieder andere herzhafte Trendsnacks. Am Nachmittag stehen hausgemachte Kuchen auf der wöchentlich wechselnden Karte. Fantasievolle Kreationen wie geraspelter Apfelkuchen mit Butterzuckerkruste und Rote-Bete-Schokokuchen stehen zur Auswahl. Dauerbrenner in dem saisonabhängigen Angebot sind Schmandarinenkuchen und Apfelbaisertorte. szenige Getränke wie Glühwein-Sprizz und Zitronen-Cassis-Limonade laden ebenfalls zum Bleiben ein. Im Café gibt es immer wieder wechselnde Geschenkideen zu entdecken. Das kann heimischer Honig, Schmuck aus altem Besteck oder auch eine Wundertüte sein. Das Café ist nur am Wochenende geöffnet, zum Frühstücken unbedingt reservieren!

Café Blütezeit, Limburger Straße 153, 65611 Brechen, Tel. (0 64 38) 83 64 34
www.cafe-blütezeit.de

ÖPNV: Bahnhof Brechen-Niederbrechen, 20 Minuten Fußweg

Chemie live erleben

39 *Das Justus-Liebig-Museum in Gießen*

Alle, die sich noch lebhaft an den oft theoretischen Chemieunterricht ihrer Schulzeit erinnern, können in Gießen live erleben, wie spannend die Praxis wirklich ist. Justus Liebig kam 1824 nach Gießen und verwandelte das Wachhaus einer Kaserne in sein Laboratorium. Um Studenten chemische Zusammenhänge näherzubringen und gemeinsam Neues zu entwickeln, gestaltete er hier den ersten Hörsaal der Welt. Erfindungen wie das Sicherheitszündholz und der heute in jedem Haushalt mehrfach zu findende Silberspiegel gehen auf ihn zurück. Bei monatlich mehrfach stattfindenden Experimentalführungen im bestens erhaltenen Auditorium kann jeder diese Erfindung nachvollziehen. Um einen Spiegel herzustellen, wird ein Glasgefäß mit Zuckerwasser und Weinsäure befüllt und mit Natronlauge ergänzt. Als Reaktion trübt die Mischung zunächst etwas ein und sieht aus wie Apfelsaft. Wenige Sekunden später verfärbt sie sich intensiver und wird kaffeeschwarz. Erhitzt man das Glasgefäß nun, sieht man verblüfft, wie sich die Flüssigkeit am Rand absetzt, silbern färbt und eine feste Schicht bildet. Lächelnd betrachten sich die Besucher im fertigen Spiegel. Leider hat sich diese ungefährliche Alternative zum bis dahin gebräuchlichen, giftigen Quecksilberspiegel zu Justus Liebigs Lebzeiten nicht durchgesetzt. Denn wer sich in Liebigs Silberspiegel ansah, wirkte dunkler als in Wirklichkeit. Damals war vornehme Blässe en vogue, eine Mode, die der Quecksilberspiegel mit seiner grünlich blassen Trübung unterstützte. Erst als sich die Mode änderte, verbreitete sich der Spiegel. Liebigs Arbeiten haben die Welt dauerhaft geprägt. Er entwickelte mit seinem Schüler Eben Norton Horsford das Backpulver aus Natron und ein Säuerungsmittel. So entstanden neue Möglichkeiten zur Backwarenproduktion, die bis heute nachwirken.

Besucher staunen regelmäßig über diese Tatsachen und erleben effektvolle Versuche. Vor Ort entsteht mithilfe von etwas Phosphor ein imposantes Begrüßungslicht, ein Geldschein wird angezündet, ohne zu verbrennen. Mit großen Augen und viel neuem Gesprächsstoff endet jede erkenntnisreiche Tour.

Liebig-Museum, Liebigstraße 12, 35390 Gießen, Tel. (06 41) 7 63 92
www.liebig-museum.de
ÖPNV: Bahnhof Gießen; diverse Busse, Haltestelle Liebigstraße

Kneippst du schon?

40 *Der Kneipp-Barfuß-Pfad in Bad Endbach*

In einem gesunden Körper wohnt ein gesunder Geist, wusste Pfarrer Sebastian Kneipp bereits im 19. Jahrhundert. Er hat Menschen bei der Konzeption seines berühmten Fünf-Säulen-Programms stets ganzheitlich betrachtet. Seine Kombination aus Wasseranwendungen, Bewegung, ausgewogener Ernährung, der Heilkraft von Kräutern sowie innerer Balance sollen gesund halten. Neben der Prävention wird sein Programm bis heute auch zur Behandlung von Erschöpfungszuständen eingesetzt. Seit 1955 ist Bad Endbach ein Kneipp-Kurort. Im Laufe der Jahrzehnte hat die mittelhessische Gemeinde sukzessive ihre Kneipp-Anwendungen ausgebaut. Einige sind frei zugänglich und einen Abstecher von der Lahn-Radtour oder Wanderung wert.

In den großen, ruhig gelegenen Kurpark hat der Kneipp-Verein einen kleinen Kräutergarten sowie einen Barfuß-Erlebnis-Pfad integriert. Direkt am Anfang heißt es, Schuhe ausziehen und im Kneipp-Tretbecken die Füße kühlen. Im Storchengang sollte man maximal drei Runden drehen, bis der Kältereiz einsetzt. Auf 550 Metern folgen dann viele verschiedene Erlebnisbeete. Grobe und feine Kieselsteine, Rindenmulch, ein Lehmbecken, Sand und Steinplatten werden vorsichtig, erst mit dem großen Zeh, dann mit der ganzen Fußfläche, erspürt. Die vorletzte Station ist eine Holzbrücke, es geht durch einen kleinen Bach, und am Ende steht man wieder vor dem Tretbecken. Perfekt für ein kleines Picknick sind die Holzbänke direkt neben dem Kneipp-Kräutergarten.

Wer noch keine Lust hat, die Schuhe wieder anzuziehen, geht barfuß ein Stück über die Wiese und lässt sich an der Teichanlage mit altem Baumbestand nieder. Nach den unterschiedlichen Reizen auf die nackten Fußsohlen bieten sich die Boulebahn und der Spielplatz zum Zeitvertreib an. Im Ort gibt es weitere Tretstellen und Armbadeanlagen. Bei Letzteren taucht man die Arme bis über die Ellbogen ein und wartet auf den Kältereiz. Ein tolles Gefühl!

Kneipp-Barfuß-Pfad, Tourist-Information Bad Endbach, Am Bewegungsbad 2, 35080 Bad Endbach, Tel. (0 27 76) 8 01-8 70, www.bad.endbach.de

ÖPNV: Bus 43, 383, 403, Haltestelle Bad Endbach Sportzentrum

Erlebnis Stadtführung

41 *Die Braunfelser Kur lädt ein*

Wer den Charme längst vergangener Zeiten liebt und abseits der Metropolen genussvoll shoppen und schlendern möchte, ist im Fachwerkstädtchen Braunfels genau richtig. Neben dem Braunfelser Schloss bieten die beeindruckende Schlossanlage und der pittoreske Marktplatz sowie der Schlosspark ein romantisches Ambiente, das nicht nur in den Sommermonaten Urlaubsstimmung bringt. Um die alten Zeiten und die Besonderheiten des hessischen Kleinstädtchens erlebbar zu machen, bietet die Braunfelser Kur GmbH Erlebnisführungen an. Jeden Monat finden sich mehrere, thematisch wechselnde Gelegenheiten, Braunfels zu entdecken.

Eine Möglichkeit, die neben Augen und Ohren auch den Gaumen erfreut, ist die kulinarische Stadttour. Beim Gang durch die Altstadt und über den Marktplatz erläutert der Guide mittelalterliche Benimm- und Essensregeln. Zahlreiche Anekdoten bringen die Gäste immer wieder zum Schmunzeln. Während des kurzen Spaziergangs verweilen die Besucher an drei Stationen. Dort werden Speisen mit saisonalem und regionalem Bezug gekostet. Bei der kulinarischen Führung im Herbst könnten dies Kartoffelsuppe, Handkäs, Apfelwein und Apfelcrumble sein.

Die Runde mit dem Nachtwächter geht am Marktplatz vorbei Richtung Schloss, von der unteren Talpforte bis zum historischen Torturm. An Halloween veranstaltet die Stadt eine gruselige Kostümführung. Dann geistern nicht nur Kinder mit Lampen und Laternen in ihren schaurigsten Kostümen durch den Kurpark. Im Advent wird es bei Kerzenschein und Glühwein auf dem Marktplatz besinnlich.

Für Gruppen gibt es zahlreiche Spezialthemen, wie die Kräuterführung und die „Weisheiten aus Großmutters Zeiten". Hier erfährt man unter anderem, was ein Uzname ist.

Weitere Gelegenheiten, Braunfels auf besondere Weise kennenzulernen, bieten jährlich im Mai der Hugenottenmarkt mit französischen Spezialitäten sowie im Mai der Kräutermarkt und Ende August ein mittelalterliches Spektakulum im Kurpark.

Braunfelser Kur GmbH, Am Kurpark 11, 35619 Braunfels, Tel. (0 64 42) 9 34 40
www.braunfels-erleben.de
ÖPNV: Bahnhof Braunfels

Gemüse wachsen sehen

42 *Der ambitionierte Biohof Böhm in Marburg*

Wäre es nicht himmlisch, aus dem eigenen Garten frisches Gemüse, knackige Salate und herrlich duftende Kräuter zu ernten? Wer seinem eigenen Gemüse beim Wachsen zusehen möchte, Lust hat auf Gartenarbeit, ohne sich vorab Fachwissen anzueignen, wird die Saisongärten des Biohofs Böhm lieben. Alle, die gerne draußen arbeiten und sich gesund ernähren wollen, finden in Marburg-Bauerbach eine Rundum-sorglos-Gelegenheit. Egal, ob man zu Hause keinen Garten hat, Gartenneuling ist oder sich einfach nur das aufwändige Anlegen des eigenen Gemüsegartens sparen möchte, auf dem 6000 Quadratmeter großen Feld finden alle zusammen.

Im April werden 25 verschiedene Biogemüsekulturen in langen Reihen eingesät und gepflanzt. Nebeneinander entstehen 30 Meter lange Gärten, deren Breite zwischen einem und drei Metern variiert. Millimeter um Millimeter wächst Lieblingsgemüse heran. Von Kohlrabi, Brokkoli, Wirsing, Spitz-, Rot-, Weißkohl über diverse Salatsorten bis zu Mangold, Mairübchen, Buschbohnen, Zuckererbsen, Zwiebeln, Gemüsezwiebeln, Kürbis, Zucchini, Rote Bete, Karotten, Pastinaken, Petersilienwurzeln, Rucola und Kräutern bleibt kein Wunsch offen. Essbare Blumen, aber auch Raritäten wie Edamame, Zuckermais, Stangenbohnen, Sommerportulak, Eiskraut, Erdbeer- und Neuseeländer Spinat, Gemüsemelde und Süßkartoffeln ergänzen das Sortiment. Um zusätzlich etwas Individuelles anzupflanzen, gehört zu jeder Parzelle ein Freibeet.

Nach der Übergabe des eigenen Gartenparadieses Anfang Mai sind Nutzer und Natur zuständig. Das bedeutet ein- bis zweimal pro Woche hacken, Beikraut jäten, säen, neu pflanzen und gießen. Und nach kurzer Zeit den ersten Salat und Radieschen ernten. Wer dabei Hilfe sucht, fragt den Nachbargärtner oder Frau Böhm. Zum Garten gehört eine kleine Wiese mit Stühlen und Tischen, es darf gepicknickt und gegrillt werden. Am angrenzenden Bach kommen Gartenfreunde jeden Alters zu einem Gartenfrühstück, einem Nachmittagstee oder Abendwein mit Nachtigall und Sternenhimmel zusammen. Ein kleines Paradies, fern vom Alltag.

Biohof Böhm, Arnold Nau-Böhm und Bettina Böhm, Wickegarten 6, 35043 Marburg-Bauerbach, Tel. (0 64 21) 16 21 44, www.biohof-boehm.de

Glück auf!

43 *Im Oberbieler Besucherbergwerk Grube Fortuna*

Woher die Grube Fortuna ihren Namen hat, lässt sich nicht mehr herausfinden. Sicher scheint aber, dass Glück im Spiel gewesen ist, als man 1983 nach der Schließung der Grube umgehend entschied, diese als Besucherbergwerk zu erhalten. Heute besichtigen täglich zahlreiche Gäste das letzte klassische Eisenerzbergwerk Deutschlands im Rahmen einer beeindruckenden Tour. Denn Eisen ist nach wie vor einer der wichtigsten Rohstoffe, besonders im Bauwesen, Fahrzeug- und Maschinenbau.
Zu Beginn jeder Tour drehen alle Teilnehmer am Rad. Denn zum Schutz bekommt jeder einen Helm, der per Justierrad auf die eigene Kopfgröße eingestellt wird. Vor dem Eingang zur Grube erfährt man, dass der Bergmann jegliche Fortbewegung in der Grube „fahren" nannte. Zu Fuß fährt die ganze Gruppe kurz darauf ein paar Hundert Meter durch den niedrigen Tunnel ein. Vorbei an der Heiligen Barbara, der Schutzpatronin der Bergleute. Am Schacht angekommen, geht es 150 Meter im Förderkorb in die Tiefe. Unter Tage herrschen konstant 13 °Celsius, hohe Luftfeuchtigkeit, Staubfreiheit und null Alltagslärm. Im krassen Gegensatz dazu steht der extreme Lärmpegel, dem die Bergleute früher ausgesetzt waren. Mit der originalen Grubenbahn geht es vom Ort der Stille durch unbeleuchtete Tunnel bis zu den ehemaligen Abbauräumen. Hier erlebt man live, wie sich bei ohrenbetäubendem Lärm Bohrhämmer ins rot gefärbte Gestein fräsen und Lademaschinen lautstark in Bewegung setzen.

TIPP Die Grube liegt auf dem Wanderweg Bergmannsroute und ist Geo-Informationszentrum im GEOPARK Westerwald-Lahn-Taunus.

Beeindruckt von dem intensiven Erlebnis steht man nach der wahlweise ein- bis fünfstündigen Tour vor der Grube, denkt an die eigene, deutlich weniger strapaziöse Arbeit und hat einen weiteren Glücksmoment.
Sehenswert ist auch die Umkleidehalle im Museum mit Originalkleidung, die an Ketten von der Decke hängt. Bei hausgemachtem Kuchen oder Speisen in der Grubengaststätte „Zum Zechenhaus" kann man die Eindrücke Revue passieren lassen. Glück auf!

Besucherbergwerk Grube Fortuna, Grube Fortuna 1, 35606 Solms-Oberbiel, Tel. (0 64 43) 82 46-0
www.grube-fortuna.de
ÖPNV: Bahnhof Werdorf, 30 Minuten Fußweg

Gott segne den Bergbau!

I want to ride my bicycle

44 *Fahrradtour entlang der Lahn*

Von der Lahnquelle am Forsthaus Lahnhof bis zur Mündung in den Rhein bei Lahnstein bietet der Lahnradweg 245 km entspanntes Radelglück. Die romantische Strecke verläuft meist direkt am Fluss entlang, weit weg von Autolärm und Alltag. Zwischen bunten Wiesen und grünen Hügeln bis zu steilen Hängen und Felsen findet jeder seinen Lieblingsabschnitt. Unabhängig davon, ob man die ganze Lahn erfährt oder eine Etappe wählt, sollte man Zeit zum Genießen und für Besichtigungen einplanen. Denn der gesamte Lahntalradweg ist von verwunschenen Schlössern, trutzigen Burgen und kunstvollen Kirchen umgeben. Fachwerkstädte wie Limburg und Wetzlar, ehrwürdige Universitätsorte wie Marburg und elegante Kurstätten wie Bad Ems zeigen die urbane Vielfalt des Lahntals.

Viele Radbegeisterte wählen einen oder mehrere aufeinanderfolgende Teilabschnitte für eine erlebnisreiche Tour. Eine beliebte Etappe ist die 33 Kilometer lange Tagesstrecke von Weilburg bis Limburg. Vor dem Start bietet sich die Besichtigung des wunderschönen Renaissanceschlosses in Weilburg an. Einzigartig ist auch der Schiffstunnel in Weilburg, dort kann man das Schleusen der Kanuten beobachten. Folgt man nun – kulturell gestärkt – dem Lahnradweg, gelangt man über Aumenau und Villmar nach Runkel. Villmar ist bekannt für seine Marmorproduktion, der Lahnmarmor wurde unter anderem im Empire State Building eingesetzt. Neben der Marmorbrücke ist das Marmormuseum zu besichtigen. Weiter geht die Fahrt nach Runkel zur märchenhaften Burgruine. Hier scheint die Zeit stehengeblieben zu sein. Direkt an der Lahn, unterhalb der Lahnbrücke, stehen am Wochenende die Gäste in langen Reihen, um ein Eis im Eiscafé Manusco zu ergattern. Weiter geht es, vorbei am Hafen Runkel, an Dietkirchen mit seiner imposanten Stiftskirche hoch über der Lahn, bis zum Tagesziel, der Domstadt Limburg. Ein Bummel durch die Altstadt ist ebenso schön wie das Verweilen am Cargo Beach Club oder ein Eis aus der Eismanufaktur am Katzenturm.

Radtouren an der Lahn, Lahntal Tourismus Verband e. V., Brückenstraße 2, 35576 Wetzlar, Tel. (0 64 41) 30 99 80, www.daslahntal.de

ÖPNV: Bahnhof Weilburg

The Queen was amused

45 *Das herrschaftliche Schloss Rauischholzhausen*

Etwa 20 Kilometer von Marburg entfernt, scheint England einen vergessenen Adelssitz zu unterhalten. Das 1871–78 erbaute Schloss mit seinem 40 Hektar großen Schlosspark lädt zum Flanieren und Dinieren ein.
Man muss nicht Königin von England sein, um in der prachtvollen Atmosphäre des späten 19. Jahrhunderts eine Tea Time zu genießen. Mindestens an einem Sonntag im Monat kann jeder und jede aus dem gemeinen Volk im Kaminzimmer bei hausgemachten Scones und Clotted Cream, bei Sandwich mit Gurken, Lachs und Ei, bei Cheesecake und Brownie stilvoll den Ausblick in die Gartenanlage genießen. Nach dem original English-Black-Tea mit Milch lässt sich der imposante Park im englischen Stil erkunden. Einen traumhaften Blick hat man von der Teichanlage unterhalb des Schlosses. Bei schönem Wetter spiegelt sich das Gebäude auf der Wasseroberfläche. Früher befand sich an dieser Stelle eine Wasserburg, die man durch das große Portal am Atrium des Schlosses betreten konnte. Der Türrahmen ist mit einem Löwenkopf verziert; die Säulen werden der Renaissance zugeordnet.
Die Gartenanlage wurde ab 1876 von Heinrich Siesmayer, dem Schöpfer des Frankfurter Palmengartens, gestaltet. Der Park enthält fast 300 verschiedene Baumarten, von exotischen Nadelbaumriesen bis zu Stieleichen mit einem Umfang von 5,30 Metern. Zwei Bäche durchqueren das Areal und bilden mehrere Teiche, gelegentlich durch künstliche Wasserfälle verbunden. Zwischen einzelnen Baumgruppen findet man Skulpturen, wie die einer litauischen Prinzessin, einer Sklavin, einer Jungfrau und eines erschöpften Wanderers.
Bis 1941 war das Schloss im Besitz der Großindustriellenfamilie Stumm. Damals war der gesamte Park von Mauern und Hecken umschlossen. Nur in Abwesenheit des Schlossherrn durften Dorfbewohner den Park einmal im Jahr zur Dahlienschau betreten. Heute ist die gesamte Parkanlage frei zugänglich. Sie ist gleichzeitig Neuer Botanischer Garten der Justus-Liebig-Universität Gießen und wurde 2009 in die Europäische Themenroute des European Garden Heritage Network aufgenommen.

Schloss Rauischholzhausen, Schlosspark 1, 35035 Ebsdorfergrund, Tel. (0 64 24) 30 11 00
www.schloss.faber-management.de/rauischholzhausen

ÖPNV: Ab Marburg Hauptbahnhof Bus 80, Haltestelle Rauischholzhausen (nur Mo.–Fr.)

46 *Das Dunkelkaufhaus in Wetzlar*

Wer nichts sieht, muss seine Umwelt auf andere Weise wahrnehmen. Hören, Fühlen, Riechen und Schmecken bekommen in völliger Dunkelheit eine neue Intensität. Im Dunkelkaufhaus in Wetzlar gibt es dazu einiges zu erfahren. Unter dem Motto „Wie Sie sehen, sehen Sie nichts!" begleiten Blinde ihre Gäste etwa eine Stunde durch ein fiktives Kaufhaus. Nachdem alle Besucher durch eine Lichtschleuse in völlige Finsternis gelangen, passiert ein Rollentausch. Der Blinde hat als Einziger die Orientierung. Alle Besucher hangeln sich vorsichtig an der Wand entlang, bedacht darauf, der Stimme des Begleiters zu folgen.
Zuerst geht es um das „Hören". Schnell stellt sich heraus, wie schwierig Alltagsgeräusche zuzuordnen sind, wenn die Bilder fehlen. Das Fegen einer Straße hört sich für manchen an wie das Schleifen eines Tisches. Das Öffnen eines Reißverschlusses kann schon mal mit dem Summen einer Biene verwechselt werden. Auch der Geruchssinn wird auf die Probe gestellt. Die Wenigsten erkennen Gewürze auf Anhieb, wenn sie Form und Farbe nicht vor sich sehen.
Anschließend wird die „Geschicklichkeit" der Besucher gefordert. Bei der Aufgabe, den eigenen Namen in Buchstaben zu legen, kommt so mancher ins Schwitzen. Zum Abschluss geht es ins Dunkelcafé. Hier steht der Geschmackssinn im Vordergrund. In völliger Dunkelheit schmeckt eine Cola plötzlich gar nicht mehr so charakteristisch, wie vorher angenommen. So mancher verliert in der ungewohnten Finsternis sein Zeitgefühl. Fragen wie „Woher wissen Blinde, welchen Geldschein sie in der Hand haben?", „Wie prüfen Sie, ob Ihre Kleidung farblich zusammenpasst?" werden vom blinden Gästebegleiter geduldig beantwortet. Das Dunkelkaufhaus möchte sehenden Menschen vermitteln, was sie wahrnehmen, wenn plötzlich nichts mehr sichtbar ist. Neben den unterschiedlichen Führungen werden zahlreiche Events wie Frühstück, Pizzaessen, Craft Bier Tasting im Dunkeln zur intensiven Erfahrung angeboten.

Dunkelkaufhaus, Karl-Kellner-Ring 48–50, 35576 Wetzlar, Tel. (0 64 41) 2 09 15 29
www.dunkelkaufhaus.de
ÖPNV: Bahnhof Wetzlar, 10 Minuten Fußweg

Dunkelkaufhaus
Was ist das Duknlekuafhuas?
Wnen eeinr uesnrer wchtgiisten Snnie, das Sheen, asuällft, dann srchäfen scih die aeandern Snnie. Enie Stdnue eeblern, wie es wräe, wenn man nhcit sheen knan. Dgnie adnres eberlen als ssnot. Hanfertdigketien, die im Lhcit eifeanch von der Hnad geehn, mehcan uns in Dunhieknelt zu Mneschen, die eacinfh Dgine neu ernelern messün. Bildne Mbüritger fehrün Sie drcuh Veräumskuafe des Kaushuafes adnerer Art. Sie eberlen Gänetrke im Dlunken zu sich zu nenehmn und zu beazhlen. Wehor weiß der binlde Mbüitrger entligeich, wchlee Mnzüe er jetzt in der Hnad hlät?
Mher Sheen Erbelen – im Otpikcarpours.
Nchtis Sheen und tortzedm viel Erbelen – im Duknlekuafhuas.
(Gmäeß eneir Sduite eneir ehsngelicn Uänitvseirt ist es nciht whticig, in whelcer Rgefihneole die Btuachsben in eenim Wrot sheetn. Das Eiignze, was whcitig ist, ist dsas der etsre Btuachsbe und der lzette Btuachsbe an der rgeitchin Piootsin snid. Das ist so, wiel wir nhcit jeedn Btuachsben ezinlen lseen, sodnren das Wrot als Gaeestms.)
Auflösung im Dunkelkaufhaus

Eine Oase mit Heilkraft

47 *Der Kräutergarten am Nonnenpfad in Fachingen*

„Bei mehr als 40.000 mitteleuropäischen Pflanzen gibt es immer Neues zu entdecken" ist das Motto von Monika Schneider, die 2011 ihren Traum vom eigenen Kräutergarten in Fachingen auf einem idyllischen Grundstück mit altem Baumbestand verwirklicht hat. Auf 1300 Quadratmetern finden sich mehr als 400 verschiedene Kräuter, etwa 100 Stauden sowie Gemüse vom Salat bis zum Rhabarber. Das Herzstück des liebevoll angelegten Gartens mit zahlreichen Sitzgelegenheiten ist das CASA Monika. Ein wunderschönes Fachwerkhäuschen mit Mauerwerk aus Ziegelsteinen, einer uralten, schweren Eingangstür aus Holz, Sprossenfenstern und Nonnenziegeln auf dem Dach.

Das charmante Häuschen nutzt Monika Schneider bei Führungen als Gastraum. Hier sind die Besucher nach der Führung zu hausgemachtem Brot, Tee und Aufstrichen eingeladen – selbstverständlich aus den Kräutern des Gartens. Die ausgebildete Heilpflanzentherapeutin kennt sich auch mit Ethnomedizin aus und ist Gesundheitsberaterin i. A. Neben Seminaren zur Wildkräuterküche bietet sie Workshops zu besonderen Themen wie zum Beispiel dem Einsatz von Kräutern in den Wechseljahren, zur Wundheilsförderung oder bei Konzentrationsstörungen. Ihr umfangreiches Gartenwissen hat sich die Autodidaktin selbst angeeignet. Verweilt man einen Moment auf einer der zahlreichen Sitzgelegenheiten, riecht man den Duft von Minze und Zitronenverbene, Kamille und Melisse. Auf Monika Schneider hat der Garten eine heilsame und beruhigende Wirkung. Diese Kraft und ihr enormes Wissen zu den Pflanzen vermittelt sie Besuchern liebevoll und engagiert. Ihre Lieblingsblume in dieser friedlichen Oase ist die weiße Rose, weil diese unendliche Liebe symbolisiert. Ihr Lieblingskraut ist der Spitzwegerich: Er unterstützt das Immunsystem. Hier scheint für jeden das passende Kraut zu wachsen. Wer sein persönliches finden möchte, kann neben einer individuellen Gruppenführung auch an einem Tag der offenen Gärten, die zweimal jährlich veranstaltet werden, vorbeikommen.

TIPP Der Garten liegt direkt am Lahnwanderweg und auf dem NABU-Rundwanderweg Birlenbach-Fachingen.

Kräutergarten am Nonnenpfad, Monika Schneider, Im Wiesengrund 10, 65626 Fachingen
www.nonnenpfad.de

ÖPNV: Lahntalbahn, ab Limburg Richtung Koblenz bis Bahnhof Fachingen, 4 Minuten Fußweg

Bitte alles einpacken …

48 *Stilvoll shoppen bei Punkt und Strich in Gießen*

Punkt und Strich ist eine Papeterie, die alles bietet, was niemand wirklich braucht, aber jeder gerne haben möchte. Betritt man den Laden, werden die Schritte langsamer, die Seele entspannt. Der spezielle Mix aus schönen und originellen Sachen lässt den Blick an jedem einzelnen Regalboden verharren. Man findet Dinge zum Lachen und Produkte, die Ausdruck einer besonderen Lebenseinstellung sind. Vieles wird in kleinen Manufakturen gefertigt, nachhaltig produziert und ist so wertig, dass es zum Lebensbegleiter werden kann. Dieses Potential haben die edlen Füller ebenso wie die hochwertigen, ausgefallenen Notizbücher. Punkt und Strich wird von dreißig verschiedenen Lieferanten mit Notizbüchern beliefert. Darunter Schätzchen wie die Saarbrücker Manufaktur x17 mit ihrem „Superbuch“. Der Hersteller fertigt edle Lederhüllen aus italienischem Rindsleder in diversen Formaten und bietet diese mit austauschbaren, hochwertigen Schreibheften und Kalendarien an. Auch die Schreibbücher von about blanks sind wahre Lebensabschnittsgefährten. Eingebunden in Hardcover alter Bücher, bieten die leeren Seiten Raum für eigene Geschichten. Seinen Ruf als Kultladen verdankt Punkt und Strich auch der Auswahl an Karten und Geschenkpapieren. Die Kartenständer beherbergen etwa dreitausend verschiedene Modelle. Post- und Doppelkarten, schwarz-weiß und bunt, schrill und feierlich, für fröhliche und für traurige Momente im Leben. Es gibt keinen Anlass, zu dem man hier nicht die passende Karte findet. Direkt hinter den Karten reihen sich 250 Geschenkpapiermotive aus Deutschland und Nordamerika auf. Viele sind so schön, dass sie als Poster verwendet werden. Auch die Haptik der handgeschöpften Papiere aus Nepal ist so faszinierend, dass das Auspacken des eigentlichen Geschenks nicht selten schwerfällt.

Der Besuch von Punkt und Strich ist vom Betreten des Ladens bis zum Verlassen ein himmlisches Vergnügen. Dafür sorgt nicht zuletzt der einmalige Verpackungsservice. Denn hier wird jedes Design- oder Kochbuch, jeder unspitzbare Grafit-Bleistift und jede Lunchbox oder Flasche liebevoll verpackt und mit Bändern und Siegellack aufwendig veredelt.

Punkt und Strich Bierling & Jung GbR, Kirchenplatz 4, 35390 Gießen, Tel. (06 41) 3 87 19
www.punktundstrich.de
ÖPNV: Bahnhof Oswaldsgarten

AND INTO THE FOREST I GO, TO LOSE MY MIND AND FIND MY SOUL.
WHAT IF I FALL? BUT MY DARLING, WHAT IF YOU FLY?
FRAUEN DER 1920ER-JAHRE
HÖR AUF DEIN HERZ

49 *Power im Husky-Camp Butzbach*

Mit dem schwedischen Gruß „Hej, hej“ begrüßen Birgit und Jochen ihre Gäste. Beide betreiben seit mehr als 20 Jahren Schlittenhundesport und leben gemeinsam mit zwei Rudeln in der Nähe von Butzbach. Seit 2010 bieten sie mit ihrem Husky-Camp allen Interessierten ganzjährig die Möglichkeit, diese faszinierenden Tiere näher kennenzulernen. Siberian Huskys wurden gezüchtet, um Menschen und Lasten über große Distanzen zu befördern. Ihr Arbeitswille und ihre Ausdauer sind immer noch vorhanden. Die ruhigen, zutraulichen Tiere haben aus dem Stand eine Zugkraft von 200–300 Kilo und können am Tag problemlos Distanzen von 50 Kilometern zurücklegen.
Kommt man im Husky-Camp in Butzbach an, wuseln mehr als ein Dutzend Tiere um die Gäste herum. Sie strahlen gleichzeitig Ruhe und Exotik aus. Nach einer kurzen Einführung zum Wesen und Umgang mit den Tieren starten im Frühling bis zum Herbst die Trekkingtouren, im Winter die Gespannfahrten. Schnell finden sich Herrchen oder Frauchen und Lieblings-Husky. Für die gemeinsame Wandertour werden die Teilnehmer mit Bauchgurt und Leine ausgestattet, bevor es zum Hausberg am Limes geht. Zunächst ist die Kraft des Hundes ungewohnt, nach wenigen Minuten finden Tier und Mensch ihren Rhythmus. Beide schreiten in enormem Tempo, bei etwa zehn Stundenkilometern, voran. Denn die Power der Tiere lässt auch den Führer zur Höchstform auflaufen. Die abenteuerliche Runde durch den Naturpark Taunus führt über gut ausgebaute Forstwege und immer wieder querfeldein oder durchs Unterholz. Am Hausberg angekommen, gibt es eine kleine Stärkung für Hundeführer und Hunde. Kehrt man später ins Camp zurück, wird vor der roten Schwedenhütte ein Lagerfeuer entfacht. Bei Lachs oder Stockbrot tauscht man Erlebtes aus. Bucht man eine Gespannfahrt, werden die Sibirier gemeinsam eingeschirrt und eingespannt. Mit dem Schlittenhundeführer, dem Musher, geht es mit enormer Geschwindigkeit über Waldwege, den Taunushöhenweg hoch bis zum Hausbergturm mit atemberaubender Aussicht.

Husky-Camp, Jochen Mühl und Birgit Reinhardt-Mühl, Im Erlengrund 6, 35510 Butzbach-Hausen, Tel. (0 60 33) 92 09 56, www.husky-camp.de

ÖPNV: Ab Bahnhof Butzbach Bus FB-54, Haltestelle Hausen-Oes-Hausen

Ein Blumenmeer am Fluss

50 *Auf zum Blumenkorso in Bad Ems*

Eine märchenhafte Burg aus Blüten? Ein Schiff aus Dahlien? Eine extrem lange Stretchlimousine aus Blumen? Diese und 25 weitere Motivwagen aus insgesamt 1,5 Millionen Dahlien verzücken jedes Jahr mehrere zehntausend Besucher in Bad Ems. Der Blumenkorso ist nicht nur bunter als der Kölner Karneval, er punktet auch mit besserem Wetter. Schließlich findet der Festumzug immer am letzten Sonntag im August statt. Er ist der Höhepunkt des viertägigen Bartholomäusmarktes, einer riesigen Kirmes mit umfangreichem Rahmenprogramm. Dieser Markt gehört zu den ältesten Volksfesten in Deutschland und findet seit 1379 statt. Neben Händlern sind Los- oder Schießbuden, Imbiss- oder Süßwarenwagen, Ausschank oder Kinderkarussell mit neuesten Fahrgeschäften gemischt. Das Angebot verteilt sich auf sechs Plätze in der Kurstadt. Besonders schön ist das „Emser Dorf" an der katholischen Kirche. Es bietet ein viertägiges Open-Air-Programm und eine besonders idyllische Abendstimmung.
Jährlich wird in Bad Ems eine Marktkönigin inthronisiert. Sie verleiht mit ihrem Gefolge einem besonders aufwendig gestalteten Wagen Grazie. Für das deutschlandweit einmalige Event werden fantasievolle Motivwagen gestaltet. Jede Dahlie wird einzeln mit einer Nadel auf eine Unterkonstruktion aus Styropor oder Holz gesteckt. Die enorme Geduldsarbeit wird von zahlreichen Vereinen aus Bad Ems und der Umgebung geleistet. Außerdem verarbeiten Floristen mehrere Hunderttausend Schnittblumen zu Bouquets für Handwagen und Oldtimer. Einfallsreiche Fußgruppen, fröhliche Musikkapellen, Showbands und Majoretten sorgen für die einmalige Stimmung auf dem vier Kilometer langen Zug und verzaubern kleine und große Gäste. Die malerische Kurstadt Bad Ems mit barockem Badeschloss, Casino und Kurpark ist die ideale Kulisse für dieses zauberhafte Event.

**Bartholomäusmarkt & Blumenkorso Bad Ems, www.blumenkorsobadems.de,
Info bei der Touristinformation Bad Ems, Bahnhofplatz, 56130 Bad Ems, Tel. (0 26 03) 94 15-0
www.bad-ems.info**
ÖPNV: ZOB Bad Ems

ulin Rouge
17

Buchfans im Glück

51 *Der Buchladen Alte Lahnbrücke in Wetzlar*

Wer Bücher mag, wird den Buchladen direkt an der alten Lahnbrücke in Wetzlar lieben. In dem verwinkelten Fachwerkhaus sind auf zwei Stockwerken die unterschiedlichsten Buchschätze zu finden. Die Wetzlarer Buchhandlung entwickelte sich 1978 aus einer ehemaligen Galerie und einem Begegnungsort. Diese Wurzeln spürt man noch heute. Die sechs lesebegeisterten Buchhändler und Buchhändlerinnen sind seit vielen Jahren ein eingespieltes Team und gemeinsam bemüht, jedem Besucher ein besonderes Leseerlebnis zu vermitteln. Aus Zufallskäufern werden Stammkunden, häufig entstehen jahrelange, freundschaftliche Bindungen. Die persönliche Beziehung ist so intensiv, dass das Team bei der Auswahl seines Sortiments häufig konkrete Personen vor Augen hat.

Von dem daraus resultierenden, individuellen Angebot lassen sich viele Stammleser und vorübereilende Passanten inspirieren. Neben den Blockbustern der Belletristik, im Crime- sowie Kinder- und Jugendbuchbereich finden sich Novitäten wie biografische Comics und neu aufbereitete Klassiker. Romane von jungen Verlagen finden sich gleichberechtigt neben internationalen Veröffentlichungen. Den Ehrgeiz, Geheimtipps aufzuspüren, haben alle Mitarbeiter beim Buchladen. Dabei ist das Team auf keinen Bereich festgelegt. Schließlich gibt es immer wieder neue Autoren und hochwertige Umsetzungen für die unterschiedlichsten Zielgruppen. Damit die Kunden Gelegenheit haben, die Empfehlungen auf sich wirken zu lassen, stehen eine Sitzecke und eine Kaffeetheke zum entspannten Schmökern bereit.

Neben dem ausgesuchten Sortiment aus Publikums- und Nischenverlagen ist der Buchladen Alte Lahnbrücke auch Partnerbuchhandlung der Büchergilde. Diese Gemeinschaft wurde 1924 gegründet und bietet ein handverlesenes Programm an. Wer diese kleine Buchhandlung für sich entdeckt, wird mit inspirierenden Neuentdeckungen und großem Leseglück belohnt.

Buchladen Alte Lahnbrücke GmbH, Lahnstraße 36, 35578 Wetzlar, Tel. (0 64 41) 4 81 01
www.buchladen-wetzlar.de
ÖPNV: Ab Bahnhof Wetzlar Citybus, Haltestelle Lahninsel

Buchladen
Alte Lahnbrücke
Kinderbuchladen „Rote Zora"
Frankfurter Allgemeine
Frankfurter Allgemeine

Erlebnisort Fotografie

52 *Der futuristische Leitz-Park in Wetzlar*

1849 gründete Carl Kellner in Wetzlar ein Optisches Institut. Ernst Leitz übernahm 1869 dort die Geschäftsführung und baute das Unternehmen unter seinem Namen aus. Aus dem Handwerksbetrieb wurde innerhalb von wenigen Jahren der weltweit größte Mikroskop-Hersteller. Sein Sohn sorgte mit der Fertigung der Kleinbildkamera Leica für die bis heute erfolgreiche, erweiterte Ausrichtung des Unternehmens.

Im letzten Jahrzehnt entstand auf einem vier Hektar großen, ehemaligen Bundeswehrgelände vor den Toren Wetzlars ein imposanter Gebäudekomplex, der mit einer einmaligen Kombination an Inspirationen lockt. Hier befindet sich die Leica Erlebniswelt mit ihrer gläsernen Manufaktur, in der Linsen, Kameras und Objektive in Handarbeit gefertigt werden. Es gibt Fotoausstellungen von zeitgenössischen Fotografen, deren Werke normalerweise in den Metropolen der Erde zu sehen sind. Die Geschichte der Leica-Kamera wird durch besondere, ebenfalls wechselnde Exponate greifbar. Es geht nicht nur um die Entwicklung und Veränderung der Fotokameras und Ferngläser im Laufe der Zeit. Vor Ort ist auch eine Leica-Kamera, die aus einem Flugzeug stürzte und – auf dem Boden angekommen – immer noch funktionierte, zu sehen. Die berühmtesten Bilder, die je mit einer Leica-Kamera aufgenommen wurden, finden sich ebenfalls in dem futuristischen Gebäude.

Im gegenüberliegenden Ernst-Leitz-Museum staunt man über beeindruckende Momente der fotografischen Geschichte. Die Arbeiten von politisch aktiven Fotografen sind ebenso zu bewundern wie die von kommerziell arbeitenden Kollegen. Diese spannende Mischung vermittelt einen intensiven Eindruck dazu, wie viele Facetten eine einzelne Aufnahme dokumentieren kann.

Vor Ort befindet sich auch die Leica Akademie. Hier werden Workshops für ambitionierte Fotografen und Profis zu Themen wie Portraitaufnahmen, Naturbilder sowie Bildbearbeitung und künstlerische Interpretation angeboten.

Leitz-Park, Leica Camera AG, Am Leitz-Park 5, 35578 Wetzlar, Tel. (0 64 41) 2 08 00
www.leica-camera.com
ÖPNV: Ab ZOB Wetzlar Bus 11, Haltestelle Leitz-Park

Eine köstliche Auszeit

53 *Das Wohngut-Café im Ebsdorfergrund*

Zwischen Gießen und Marburg, mitten im Nirgendwo, liegt die Oase der Glückseligkeit aller Frankreich- und Nordic-Fans. In einem großzügigen Hofgut bietet sich eine einzigartige Kombination aus Interior-Shop, DIY-Workshopanbieter und idyllischem Café im Schwedenstyle. Wer im Wohngut-Café einkehrt, verweilt. Zur Frühstückszeit liegt das an den knackfrischen Brötchen, der Wurst- und Käseauswahl, Tomate mit Mozzarella, Frühstücksquark, Müsli und den wechselnden Angeboten wie Avocado- oder Kürbiskernaufstrichen. Zur Kaffee- und Kuchenzeit sind neben Waffeln mit Zimtpflaumen und Windbeuteln mit Kirschen und Sahne die saisonal wechselnden Obstkuchen und Torten besonders beliebt. Die Schwimmbadtorte mit Stachelbeeren, Mandel-Baiserboden und Sahne sowie die Pralinentarte mit extra viel Schokolade sind zwei besondere Leckereien. Genießen lassen sich alle in der offenen Küche frisch zubereiteten Speisen in den liebevoll gestalteten, hellen Innenräumen mit 35 Sitzplätzen und bei gutem Wetter im weitläufigen, wunderschön angelegten Garten an einer der vielen Sitzgruppen. In der Gartenanlage finden sich unzählige Dekoartikel, von der Gartenstele mit inspirierendem Spruch bis zu Dekoobjekten aus Stahlblech in Edelrost-Optik. Vom Rosenbogen bis zum riesigen Windlicht – wer sich in eines der Accessoires verliebt, kann es direkt vor Ort kaufen.

Zum Einkauf schöner Dinge für den Innen- und Außenbereich gibt es im Wohngut direkt neben dem Café unendlich viele, weitere Anregungen. Unter dem Motto „Verlieben Sie sich in außergewöhnliche Accessoires und wunderbare Lieblingsstücke. Nordisch klar, französisch verspielt" werden hier Tischwäsche und Geschirr, Innendekoration und originelle Geschenke angeboten. Alle, die Spaß an selbst hergestellten Dekoartikeln haben, sind bei typopoetry richtig. Das dritte Unternehmen im Hofgut-Verbund bietet Workshops zu Themen wie Lettering, Makramee, Häkeln und Journaling. Sollte man sich zwischen all den Möglichkeiten nicht entscheiden können, trinkt man am besten erst mal in Ruhe einen Kaffee oder Tee bei Leonie und genießt den Moment.

Das Wohngut-Café, Leonie Fuhrmann, In der Struth 6, 35085 Ebsdorfergrund Hachborn, Tel. (0 64 24) 5 02 99 60
www.wohngut-cafe.de, www.das-wohngut.de, www.typopoetry.com
ÖPNV: Ab Südbahnhof Marburg Bus 13, Haltestelle Hachborn

mon
amour
Leben
tanzen

54 *Der Spiegelslustturm in Marburg*

Wer bei schönem Wetter zur Aussichtsplattform am Kaiser-Wilhelm-Turm kommt, genießt einen Ausblick bis zum Feldberg im Taunus. Steigt man dann die 167 Stufen bis zur Turmstube hinauf, sind auch der Kahle Asten im Sauerland und die Wasserkuppe der Rhön zu sehen. Der Spiegelslustturm ist weit über Marburg hinaus bekannt. Das heutige, märchenhafte Gebäude entstand mehr als 60 Jahre, nachdem Werner Freiherr von Spiegel zum Desenberg 1828 das Gelände der „Köhlers Ruh" mit einem Pavillon, einer Grotte und einem Getränkekeller herrichten ließ. Schnell wurde es zum beliebten Ausflugsziel, das der Volksmund als Spiegelslust bezeichnete. Daraufhin gründete sich ein Turmbauverein, der 1876 einen Aussichtsturm errichtete. Geplant war eine Höhe von 32 Metern. Als man 29 Meter erreichte, stürzte er in sich zusammen. 1887 startete ein neuer Bauversuch, der 1890 erfolgreich beendet werden konnte. Man weihte das neue Gebäude als „Kaiser-Wilhelm-Turm" ein, doch bis heute ist der markante Aussichtsturm auf den Lahnbergen unter dem Namen „Spiegelslustturm" in aller Munde.

TIPP Auf der Waldbühne, direkt neben dem Café, finden im Sommer zahlreiche Open-Air-Veranstaltungen statt.

Am Fuß des 36 Meter hohen Gebäudes ist das Turmcafé zu finden. Es wird seit 2005 von dem gemeinnützigen Verein MObiLO e.V. bewirtschaftet. Den sensationellen Ausblick auf Marburg kann man besonders schön im Wintergarten des Turmcafés bei hausgemachten Kuchen, kleinen Tagesgerichten oder einem Sonntagsbrunch genießen. Auf der Karte finden sich hessische Gerichte wie „Ahle Wurscht" ebenso wie vegetarische und herzhafte Quiche. Bei den Getränken fällt „Quatsch" besonders ins Auge. Das In-Getränk der 50er- und 60er-Jahre, Sprudel mit Himbeersirup, ist ein herrlicher Durstlöscher, der Erinnerungen weckt.
Das Turmcafé ist mit seinen 35 Sitzplätzen ganzjährig auch eine besondere Kulturbühne. Wöchentliche Veranstaltungen aus sämtlichen Kultursparten von Theater über Tanz und Kabarett bis zur Musik bieten inspirierende Eindrücke in traumhafter Kulisse.

Spiegelslustturm mit Turmcafé, Hermann-Bauer-Weg 2, 35043 Marburg, Tel. (0 64 21) 68 21 29
www.spiegelslustturm.de
ÖPNV: ZOB Marburg, 20 Minuten Fußweg

Mit allen Sinnen wandern

55 *Beim Waldbaden in Weilburg*

In Japan gilt das Waldbaden als so gesundheitsfördernd, dass es als Medizin verordnet wird. Waldbaden beschäftigt sich mit den positiven Einflüssen des Waldes auf unser Wohlbefinden. Wissenschaftlich spricht einiges dafür, den Wald intensiv zu erleben. Denn in der Waldluft ist nur ein Bruchteil der Staubteilchen zu finden, die in Stadtluft enthalten sind. Dafür bietet der Wald Stoffe, die unser Immunsystem stärken und stressresistenter machen, sogenannte Terpene. Schon der Anblick eines Waldes beruhigt uns. Das Zwitschern von Vögeln und der Geruch von Tannen unterstützen diese beruhigende Wirkung zusätzlich.
In ihren Halbtagestouren begeistert Arielle Jacobi für den Wald mit belegten Fakten, eigenen Überlegungen und einer Vielfalt an mentalen Angeboten. Die ausgebildete Agrar-Ingenieurin, Lachyoga-Lehrerin, Entspannungspädagogin und Mentaltrainerin nutzt Elemente aus all ihren Tätigkeiten für den Workshop. „Ich biete den Teilnehmern verschiedene Ideen an, und jeder sucht sich das aus, was zu ihm passt.“ In den rund fünf Stunden, die die Teilnehmer im Wald verbringen, leitet Arielle Jacobi zu Übungen aus dem Yoga an und zeigt Aktivierungs- und Entspannungstechniken. So vergisst man schnell den Alltag. Außerdem erläutert sie die Verwendung der Kräuter am Wegesrand und animiert immer wieder, alle Sinne zu nutzen. Wie riechen Tannenzapfen? Wie weich ist das Moos unter den Füßen?
Zum Abschluss der Tour gibt es schamanische Übungen und Baguette mit Kräuterquark. Jeder kann die Dinge ausprobieren, die ihn ansprechen. Der eine picknickt gemütlich, der andere schläft kurz ein und noch ein anderer schreibt einen Zettel mit seinem geheimsten Wunsch und verbrennt ihn im Lagerfeuer. Alle entspannen und tanken Kraft. Manchen enthüllt sich ein Schatz an Erkenntnissen bereits während der Tour mit Arielle oder später im heimischen Wald beim „Nachbaden“.

TIPP

Mit Arielle Jacobi einen individuell organisierten Wildkräuterspaziergang machen!

Waldbaden mit Arielle Jacobi, Hirschhäuser Straße 12 a, 35781 Weilburg-Bermbach, Tel. (0 64 42) 9 59 04 23, www.frei-fuer-lebensfreude.de

ÖPNV: Ab ZOB Weilburg Bus LM-66, Haltestelle Zum Grauenstein

Oase der Gelassenheit

56 *Die Natur neu erleben im Outdoorzentrum Lahntal*

Mitten im Wald von Greifenstein lebt eine Familie mit ihren vier Kindern den großen Traum vom Aussteigen aus dem gutbürgerlichen Alltag. Der Schreiner Manfred Köhnlein startete hier im Jahr 2000 ein alternatives Lebensprojekt mit einem Tipi-Dorf und einem Bauwagen. Im Laufe der Jahre kamen nicht nur seine Frau Sandra Diesner und vier Kinder dazu. Nach und nach entstanden eine Gaststätte, ein Wohnhaus, eine Vielzweckhalle, in der neben standesamtlichen Trauungen auch Seminare und Feiern stattfinden, sowie zwei außergewöhnliche Ferienwohnungen. Das Hobbithäuschen verbindet sich durch seine besondere Bauweise, die schiefe Tür und das bewachsene Dach perfekt mit der Natur, ohne dabei auf den Luxus einer Badewanne oder einer Kochstelle zu verzichten. Im Hobbitschlösschen gleich nebenan findet eine ganze Gruppe märchenhafter Gesellen Unterschlupf.

Auf der mittlerweile 110.000 Quadratmeter großen Anlage sind außerdem wunderschöne Grillstellen, eine mongolische Jurte und eine große Zahl unterschiedlichster Tiere zu finden. Neben 13 Alpakas und zehn Pferden leben hier Schafe, Ziegen, Pfauen, Esel, Hasen, Kanarienvögel und Hunde friedlich zusammen. Den Inhabern ist es wichtig, ihre eigene Verbundenheit mit der Natur und den Tieren weiterzugeben. Zur Entspannung der Sinne und zur sensitiven Kontaktaufnahme werden Tierwanderungen mit Alpaka, Pferd, Esel oder Ziege angeboten.

Auf Familien und Schulklassen, Manager und frisch verliebte Paare wirken der Wald und die im Outdoorzentrum Lahntal gebotenen Möglichkeiten gleichermaßen faszinierend. Für die Gäste werden auch Teambuilding-Seminare, sportliche Aktivitäten wie Bogenschießen und Kanufahrten, Yogakurse und musikalische Veranstaltungen angeboten. Sonntags können Tagesgäste die zahlreichen Freizeitangebote nutzen. Außerdem ist die Gaststätte in den Sommermonaten täglich geöffnet. Ein Besuch der Anlage sowie des Souvenirshops und der kleinen Naturmode-Boutique lässt sich wunderbar mit einer Radtour verbinden.

Outdoorzentrum Lahntal, Märchenpark 1, 35753 Greifenstein
www.outdoorzentrum-lahntal.de

ÖPNV: Ab ZOB Wetzlar bzw. Bahnhof Leun-Stockhausen Bus 120, 125, Haltestelle Outdoorzentrum

Ausflug nach Bullerbü

57 *Das Restaurant Edlunds in Marburg*

Wer Skandinavien mag, Schwedenfan ist oder schon immer mal Elch essen wollte, wird mitten in Marburg auf dem Marktplatz in der Oberstadt zwischen Fachwerkhäusern und Kopfsteinpflaster sein Bullerbü finden. Seit 2007 zeigen der schwedische Inhaber Thomas Edlund und sein Team mit hochwertigen Speisen und schwedischer Gastfreundschaft, wie sich das skandinavische Leben anfühlt. Das Edlunds ist bis ins Detail liebevoll eingerichtet. So gibt es den royalblauen Bereich mit Kronleuchter und einem offiziellen Bild des Königspaars. Sie lächeln den Betrachter standesgemäß aus einem Goldrahmen an. Gegenüber ist der grüne Bereich, in dem sich originale Dalapferde tummeln. Ein zweiter Raum ist in Schwedenrot mit weißen Möbeln eingerichtet. Am Fenster sitzt man gemütlich im weiß-rustikalen Nordic-Style und kann den Blick schweifen lassen. Innen stehen dazu 55 Plätze, außen 60 weitere zur Verfügung.
Das Edlunds ist bei Studenten und Familien, Marburgern und Touristen gleichermaßen beliebt. Egal, ob zum schwedischen Frühstück mit Lachs, Ei und viel Kaffee oder zum Heringsessen nach schwedischer Machart, zu handgedrehten Köttbullar, (in Schweden spricht man das „K" als „Sch" aus) oder zum Elchcarpaccio, Schwedenfans werden zu jeder Tageszeit fündig. Wer sich zwischen all den Möglichkeiten nicht entscheiden kann, nimmt den gemischten Vorspeisenteller und bekommt so einen Eindruck von der kulinarischen Vielfalt des nordischen Sehnsuchtlandes. In jedem Sommer geht die Chefin selbst in Schweden auf Elchjagd, sodass ab Herbst Elchsteak im Edlunds zu haben ist.
Neben den vielen herzhaften Speisen gibt es auch Desserts wie Kladdkaka, Schokobrownies mit Schlagsahne sowie Chokladtårta, lauwarme Zartbittermuffins mit flüssiger weißer Schokolade, frischen Beeren und Eis. Sogar das Eis ist hausgemacht. Im Laufe der Zeit wurden typisch schwedische Sorten wie Punchrulle, eine Marzipan-Pistazie-Bitterschokoladen-Komposition und Lakritzvarianten so beliebt, dass das Edlunds mittlerweile einen eigenständigen Eisverkauf hat.

Edlunds, Markt 15, 35037 Marburg, Tel. (0 64 21) 1 66 93 18
www.edlunds.de
ÖPNV: Ab Marburg Elisabethkirche Citybus 10, Haltestelle Markt Oberstadt

Mit Herz und Fantasie

58 *Die Betonwerkstatt in Hünfelden-Kirberg*

Wer Lust hat, für seinen Garten eine individuelle Plastik oder Skulptur herzustellen oder zu erwerben, ist in der Werkstatt von Ulrike Herz-Schmitt in Kirberg richtig. Ein Workshop in ihrem wunderschön angelegten Garten mit unzähligen selbst erstellten Objekten ist ein doppelter Glückstag. Umgeben von den Arbeiten der Künstlerin, einem kleinen Teich und zahlreichen Sitzgelegenheiten entspannt man schon beim Ankommen. In ihrer unkomplizierten Art begleitet Frau Herz-Schmitt ihre Schüler von der Idee bis zur fertigen Umsetzung.

Nachdem die gewünschten Werke besprochen sind, muss ein Untergrund als Basis für das eigene Werk gefunden werden. Das kann ein Drahtgestell oder Styroporunterbau sein, je nachdem, ob man mit Knetbeton oder anderen Mischungen arbeiten möchte. Nun geht es ans Anrühren des Zementmörtels und das Aufbringen auf das Grundgestell. Je nach Beton-Art muss es manchmal auch schnell gehen. Nachdem die Figur grob modelliert ist, wird die nächste Schicht detailreicher und filigraner. So entsteht Stück für Stück eine individuelle, einzigartige Figur mit menschlichen oder tierischen Zügen, eine Gartenstele oder Kugel ganz nach Wunsch der Teilnehmer. Zum Abschluss wird das eigene Werk mit Spezialpigmenten farblich veredelt. Während der einzelnen Arbeitsschritte wird der Neu-Künstler eins mit seinem Werk. Man konzentriert sich so sehr auf die eigene Arbeit, dass die Zeit wie im Fluge vergeht. Und dieses Gefühl nimmt man mit seiner eigenen Skulptur mit.

Wer statt eines eigenen Werkes lieber die Arbeiten von Frau Herz bestaunen möchte, hat dazu jedes Jahr Ende Mai Gelegenheit. Dann findet eine Ausstellung im Garten der Künstlerin im Rahmen der tART-Orte statt. Diese Veranstaltungsreihe bietet zahlreiche Aktionen an diversen Orten zwischen Wiesbaden und Weilburg. Die Ausstellung in Hünfelden-Kirberg wird mit einem Flohmarkt sowie Workshops verbunden.

Betonwerkstatt Herz-Art, Ulmenstraße 11, 65597 Hünfelden-Kirberg, Tel. (01 78) 2 85 33 53 oder (0 64 38) 4 07 48 05
www.herz-service.de
ÖPNV: Bus LM-33, Haltestelle Kirberg Limburger Straße

Amüsant und faszinierend

59 *Nachtwächterführung durch Limburg*

Im Mittelalter sorgten die Nachtwächter für Ruhe und Ordnung. Zum Toresschluss blies der Wächter vor den Stadtmauern Limburgs in ein Horn. So wurde signalisiert, dass es Zeit war, nach Hause zu kommen. Kurz bevor das Tor unwiderruflich bis zum nächsten Morgen verschlossen wurde, erklang der Ton ein zweites Mal. Fürchteten Einwohner, den Rückweg nicht rechtzeitig zu bewältigen, gerieten sie in Panik. So entstand der immer noch geläufige Begriff der „Torschlusspanik".
Heutzutage haben die Nachtwächter die Aufgabe, ihren Gästen die Stadtgeschichte und die früheren Lebensbedingungen auf unterhaltsame Weise näherzubringen. Die eineinhalbstündige Führung startet auf der Plötze am Brunnen des Ritters Hattstein. In Limburg ist dieser als „Säuferbrunnen" bekannt. Warum das so ist und wieso der Ritter auf einem Hund steht, erfährt man ebenso wie Details zum Haus der sieben Laster. Gemeinsam spaziert man durch die engen Gassen, die früher die wichtigste Verbindung zwischen Köln und Frankfurt waren. Man könnte sie als die A3 des Mittelalters bezeichnen. Die Straßennamen weisen bis heute darauf hin, welche Gewerke damals ausgeübt wurden. Die Löhrgasse war der Arbeitsplatz der Gerber, auf dem Rossmarkt wurde Vieh gehandelt. Korn- und Fischmarkt sind selbsterklärend. In der sehr gut erhaltenen fachwerkdominierten Altstadt scheint die Geschichte greifbar. Bis heute profitiert die 910 erstmalig erwähnte Kreisstadt mit Bischofssitz von der verkehrsgünstigen Lage. Während die Altstadt heutzutage mit Kopfsteinen gepflastert ist, waren die Straßen im Mittelalter schlammig. Zum Schutz wurden gern hohe Schuhe getragen. Diese Trippen waren die Highheels der damaligen Zeit, erläutert der Nachtwächter augenzwinkernd.
Neben vielen Anekdoten ist der spektakuläre Anblick des siebentürmigen Limburger Doms ein besonderes Highlight der Führung.

Nachtwächterführung, Info bei der Tourist Information, Barfüßerstraße 6, 65549 Limburg an der Lahn, Tel. (0 64 31) 61 66
www.limburg.de
ÖPNV: ZOB Limburg

Wie Ritter und Burgfräulein

60 *Auf der Marksburg in Braubach*

Die Marksburg in Braubach liegt hoch über dem Rhein und ist gleichzeitig nur fünf Kilometer von der Lahnmündung entfernt. Im Rittersaal und in der imposanten Rüstkammer, der voll eingerichteten Burgküche und dem urigen Weinkeller sowie den engen Wehrgängen fühlt man sich 600 Jahre zurückversetzt in das Leben der Ritter und Burgherren des Mittelalters. Wandelt man durch die Kemenate, dem mit einem gusseisernen Ofen ausgestatteten Schlafzimmer der Burgherren, fällt die kleine Schatztruhe ins Auge. Auf den Boden solcher Geldkassetten wurden früher Hunde gemalt. Dem damaligen Aberglauben zufolge bewachten diese die darin befindlichen Dukaten. Entnahm der Burgherr zu viele Münzen, wurde der Boden sichtbar. Man war pleite, „auf den Hund gekommen". Diese und weitere Anekdoten erfährt man während der etwa einstündigen Führung.
Im Pferdestall der Burg befinden sich zahlreiche Folterinstrumente. Allen, die sich vor diesem Anblick und den mittelalterlichen Methoden gruseln, ist es vielleicht ein Trost, dass weder in diesen Räumen noch in dieser Burg jemals Streckbank, Wagenrad oder Daumenschraube zum Einsatz kamen. Details dazu sowie zu dem wunderschönen Kräutergarten wird man nie wieder vergessen. Hier gibt es die Abteilung mit Pflanzen des Aberglaubens und Giftpflanzen, einen lieblichen Rosengarten, den Hildegard-von-Bingen-Heilkräutergarten und einen Landwirtschaftsteil, angelegt wie zu Zeiten von Karl dem Großen, mit Dinkel, Flachs und blühenden Artischocken.
Zum Abschluss oder auch zur Einstimmung lädt die Marksburgschänke täglich mit einer umfangreichen Speisekarte in die urige Wirtsstube und auf die Burgterrassen ein. Hier werden mehrmals monatlich öffentliche Ritteressen angeboten. Jedermann und -frau wohnen dann einem mittelalterlichen Gelage bei, inklusive zünftiger Speisen und Met sowie Spielmann. Für größere Gruppen werden spezielle Themenabende angeboten. Wer sich in die Burg verliebt, hat die Möglichkeit, dort zu heiraten.

TIPP Der Winzerkeller Schloss Philippsburg ist von Freitag bis Sonntag ein wunderbarer Ort zum Verweilen.

Marksburg, 56338 Braubach, Tel. (0 26 27) 2 06, www.marksburg.de
Marksburgschänke, 56338 Braubach, Tel. (0 26 27) 97 12 40, www.marksburg-schaenke.de
ÖPNV: Bahnhof Braubach, 25 Minuten Fußweg

Genuss für alle Sinne

61 *Kunstvoll schlemmen bei Tortenart Langolf*

Die kleine, charmante Patisserie Torten Langolf erwartet Feinschmecker und Leckermäuler direkt im Zentrum von Diez mit fantasievollen Cupcakes, dekorativen Cake Pops, knusprigen Keksen, hausgemachter Schokolade sowie Crème de Caramel und köstlichen, saisonal wechselnden Produkten. Die gelernte Konditorin Natalia Langolf startete mit Hochzeitstorten 2012 in die Selbstständigkeit. Die prachtvollen Torten sind bis heute ihr Markenzeichen. Egal, ob drei- oder fünfstöckig, in Form eines Schiffs oder im cleanen Look mit Blumendeko, Natalia Langolf erfüllt alle Kundenwünsche mit Liebe und Hingabe. In ihrer ruhigen Art entwickelt sie alle Gaumenfreuden permanent weiter. Eine ihrer liebsten Erfindungen ist die Crème de Caramel, ein Brotaufstrich, der aus wenigen natürlichen Zutaten entsteht und ihr erster Verkaufsschlager war. Mittlerweile gibt es die Leckerei in mehreren Variationen, handgemachte Karamellbonbons ergänzen das sahnige Angebot ebenso wie selbst veredelte Schokolade mit Nüssen, Cranberrys und Co. Ihr Käsekuchen im Glas ist ebenso beliebt wie die leichten Macarons und Fitnesskekse. Letztere sind ohne Zucker und Mehl gebacken, die Süße entsteht durch Cranberrys, erläutert die Inhaberin. Die Konditorin legt Wert darauf, so viele Zutaten wie möglich aus der Region zu beziehen. Ist das nicht machbar, wird Bioqualität eingesetzt.

TIPP Mit einer Picknickdecke an der Lahn ein Aktionspaket genießen. Unbedingt vorbestellen!

In der kleinen, weiß-rosé eingerichteten Patisserie mit charmanten Holzmöbeln und Samtsofa gibt es vier Sitzplätze. Im Sommer steht für Gäste außerdem eine Bank vor dem Laden zum Verweilen bei einem frisch aufgebrühten Kaffee und einer kleinen Leckerei bereit. Die meisten kulinarischen Glückswerke sowie ausgefallene Teesorten werden mit nach Hause genommen oder bei einem Spaziergang am idyllischen Lahnufer, das nur 150 Meter entfernt ist, verzehrt.

TortenArt-Langolf, Natalia Langolf, Rosenstraße 25, 65582 Diez, Tel. (0 64 32) 9 36 69 00
www.tortenart-langolf.jimdofree.com
ÖPNV: Bahnhof Diez, 12 Minuten Fußweg

Kratzbürste & Bauchpinsel

62 *Handgemachte Hintz-Bürsten aus Marburg*

Zahnbürste, Haarbürste, Staubwedel, Rasierpinsel, Handfeger, Nagelbürste, Gemüsebürste und Tierbürste zeigen einige der unzähligen Einsatzmöglichkeiten borstiger Hilfsmittel. Besucht man das Geschäft von Hintz-Bürsten in der Oberstadt von Marburg, hat man etwa 800 verschiedene Exemplare zur Auswahl. Darunter auch Neuentwicklungen wie die Computertastaturbürste. Einige Modelle werden nach wie vor von Hand gefertigt. Die Hintzes sind die letzte Bürstenmacherfamilie in Hessen. Arnold Hintz hat die fachgerechte Technik seinem Sohn Hans-Wilhelm und dieser seinen Kindern beigebracht. Wird in der Werkstatt ein Spinnenfeger sorgsam gefädelt, kommen dabei Hölzer aus dem bayrischen Wald zum Einsatz. Die je nach Bürste notwendigen hochwertigen Wildschwein-, Dachs- oder Rosshaare sind aus Zurichtereien in Deutschland. Dort werden die Borsten gekocht und gerichtet, bevor sie in der Werkstatt der Familie Hintz landen. In Wehrda werden sie dann mit einem Kupfer-Bronzedraht in den Spinnbesen eingezogen. Für einen Fachmann bedeutet das pro Besen etwa 30 Minuten Arbeit. Neben den diversen Bürsten im Laden kümmert sich die Familie auch um Sonderwünsche. Das können geerbte, in die Jahre gekommene Bürsten mit besonderem ideellem Wert sein, die liebevoll aufgearbeitet werden. Oder auch ein ganz spezieller Wunsch, wie der einer Familie, die nach dem Tod des eigenen Pferdes für jedes Familienmitglied ein Andenken aus dem Schweif des Tieres bei Hintz erstellen ließ.

Ein eher alltäglicher, besonders beliebter Artikel ist der Rasierpinsel. Um Allergien zu vermeiden, werden diese Pinsel in der Bürstenmanufaktur grundsätzlich aus Dachshaar gefertigt. Je nach Ausführung kosten einfache Modelle ab dreißig Euro, exklusive Varianten bis zu vierhundert Euro.

Von der Kinderbürste bis zum Kehrbesen kommen neben klassischem Buchenholz auch edles Birnenbaumholz und Olivenholz zum Einsatz. Außer tierischen Borsten werden auch Kakteen- und Palmenfasern verarbeitet. Alle Bürsten sind Naturprodukte, die ihre Besitzer für mehrere Jahrzehnte begleiten.

Hintz Bürsten, Wettergasse 17, 35037 Marburg, Tel. (0 64 21) 16 743 27
www.hintz-buersten.de

ÖPNV: Ab Marburg Elisabethkirche Citybus 10, Haltestelle Markt Oberstadt

Sonett – so

Hier kocht der Gast

63 *Das Hotel Zur Krone in Löhnberg*

Durch das Hotel Zur Krone in Löhnberg weht stets ein Hauch von Genuss. Das verwinkelte Fachwerkensemble mit zahlreichen lichten Anbauten und einem modernen Biergarten ist für kreative Kochkunst bekannt. Die interessantesten Kompositionen und die hilfreichsten Tricks gibt das Küchenteam in Kochkursen weiter. Jährlich werden acht verschiedene Themen mehrfach angeboten. Das können saisonale Ideen wie „Spargel und Erdbeeren" oder „Ente gut, alles gut" zur Weihnachtszeit sein, aber auch ausgefallene Themen wie „Alte Gerichte, neu interpretiert" oder „Hessische Tapas". Alle Kurse finden in einem familiären, ungezwungenen Rahmen in der Küche des Hotels statt.

Um jede Gruppe intensiv zu betreuen, werden die Events bis zu einer Höchstteilnehmerzahl von zehn Personen durchgeführt. Nachdem sich alle Teilnehmer in der Küche bei einem Aperitif kennengelernt haben, erhalten sie Rezeptmappe und Schürze. Gemeinsam wird entschieden, wer was macht. Bei einem Kurs unter dem Motto „Hessen meets Spanien" können das zum Beispiel Tapas-Variationen, wie „Albondigas", kleine Hackfleischbällchen mit Kapern und Koriander in Tomatensauce, oder „Tortilla Espanola", ein Kartoffelomelett mit Frühlingslauch, sein. Tatar von der Räucherforelle mit geriebenem Meerrettich, Sieben-Kräuter-Schaumsuppe mit Chorizo-Croûtons, Kartoffel-Blutwurstpüree und Serrano-Chips und der lauwarme Kirschenmichel sind köstliche Alternativen. Steht „Fisch aus der Region" auf dem Kursplan, könnten gemeinsam eine Kokos-Curry-Schaumsuppe mit Streifen vom Flusszander, ein winterlicher Blattsalat, mit Honig-Rosmarin-Vinaigrette mariniert, und gebratenes Bachforellenfilet in Nussbutter sowie Lachsforelle auf Rote-Bete-Risotto in der Gruppe entstehen. Auch jahreszeitliche Themen bieten köstliche Möglichkeiten. Ein Spargel-Erdbeersalat, Cappuccino vom Spargel, Spargel-Risotto mit Lachsfilet und Rumpsteak und als Nachtisch panierter Spargel mit Erdbeeren und Mascarpone-Nocke lassen sich wunderbar zu Hause nachkochen.

Hotel Zur Krone, Obertorstraße 1, 35792 Löhnberg, Tel. (0 64 71) 60 70
www.hotel-zurkrone.de
ÖPNV: Bahnhof Löhnberg bzw. Weilburg

zur
kr
one
F.DICK

Tierisch gut

64 *Das LindenCult in Weilburg-Hasselbach*

Der Lindenhof in Weilburg-Hasselbach war ein typischer Bauernhof, mitten im Nirgendwo. Doris Happ und Uli Eisel schufen hier im Laufe der Jahre einen besonderen Ort für die schönsten Künste, von der Unterhaltung bis zur Malerei. Dazu bauten sie den Kornspeicher zu einem gemütlichen Veranstaltungsjuwel mit Sofas und Holzbänken, Stühlen und Kamin um. Seit 2009 finden die unterschiedlichsten Musik-, Theater- und Kabarettveranstaltungen statt. Bekannte Künstler wie Stoppok oder Astrid North kommen ebenso gern vorbei wie neue Talente der Kabarett- und Jazzszene. Schmunzelnd lauscht man Künstlerinnen wie Fee Badenius und ihren witzigen, tiefsinnigen Texten mit Titeln wie „Körperformen“ und „Fleischesslust“. Bands wie die „Sweet Remains“, deren Hit „Dance with me“ eine echter Ohrwurm ist, sind ebenso jährlich im Programm wie das Damentrio Ladies Nyght.
Egal, welche Veranstaltung man besucht, LindenCult-Konzerte wirken familiär und machen gute Laune. Diese besondere Atmosphäre entsteht durch das Eigentümerpaar, das das LindenCult ohne kommerzielle Absichten betreibt. Viele Konzerte sind Hutkonzerte. Das bedeutet, jeder Zuhörer legt nach der Veranstaltung so viel Geld in einen Hut, wie ihm die Veranstaltung persönlich wert war. Alle Einnahmen kommen den auftretenden Künstlern zugute. Über die Gage hinausgehende Einnahmen werden für gemeinnützige Zwecke gespendet.
Gleich nebenan, im ebenfalls liebevoll umgebauten Kuhstall des Hofes, finden wechselnde Kunstausstellungen statt. Hier hat die Künstlerin Doris Happ ihr Atelier. Sie malt und gestaltet Objekte, mit denen sie bereits auf zahlreichen Ausstellungen vertreten war. Zu ihrem Lieblingsthema gehören Tiere und deren Seele. Wer die besondere Stimmung des Künstlerhofes intensiv erleben möchte, kann ein Kursangebot von Doris Happ nutzen und auf dem Lindenhof ein eigenes Kunstwerk gestalten.

LindenCult, Lindenhof 2, 35781 Weilburg-Hasselbach, Tel. (0 64 71) 5 14 75
www.lindencult.de
ÖPNV: Ab ZOB Weilburg Bus LM-65, Haltestelle Ortsmitte Hasselbach

Clubfeeling im Kino

65 *Das gemütliche Pastori in Weilmünster*

Das Pastori in Weilmünster nennt sich Lichtspielgasthaus. Denn im historischen Gebäude sind ein Clubkino, ein Restaurant mit Biergarten und mehrere Ferienwohnungen und -zimmer untergebracht. Diese bunte Kombination aus Möglichkeiten hat Tradition. Schließlich wurde das Haus in den letzten hundert Jahren zur Durchführung von Boxkämpfen, als Atelier eines Plakatfilmverleihs und als Kino genutzt. 1919 empfing man im Lichtspieltheater erstmals Zuschauer. Nach Ende des Zweiten Weltkriegs wurden hier mit Hand riesige Plakate gezeichnet, per Handwagen zum nahegelegenen Bahnhof transportiert und von dort verschickt. Im Foyer sind drei Originalplakate zu bestaunen.

Heute ist das Lichtspielgasthaus der Ort, an dem man in einem der 126 gemütlichen, samtroten Sessel einen Film genießt, nachdem man an der stylischen Kinosaal-Bar sein Lieblingsgetränk bestellt hat. Die letzte Reihe ist besonders luxuriös gestaltet, hier finden sich sechs Relaxsessel, in denen man den Film liegend ansehen kann. Damit man dabei nicht versehentlich einschläft, sind stilvolle Nachtlämpchen auf winzigen Tischchen integriert. Für den kleinen und großen Hunger ist das Restaurant mit Biergarten ideal. Hier gibt es ebenso leckere Tapasteller wie ganze Menüs. Der Koch verarbeitet regionale und biologisch einwandfreie Produkte, die Karte wechselt saisonal. Sonntags und an Feiertagen gibt es hausgemachten Kuchen, den auch die Radfahrer und Wanderer des nahe gelegenen Weilradwegs lieben. Neben der Möglichkeit, vor Ort lecker zu essen und in cineastischer Atmosphäre zu übernachten, ist das Pastori für seine besondere Mischung an Kinofilmen bekannt. Im Programm finden sich Blockbuster ebenso wie Literaturverfilmungen. Zu speziellen Anlässen, wie zu Clint Eastwoods neunzigstem Geburtstag, zeigt das Kino einen oscarprämierten Western sowie seinen aktuellen Film. Passend dazu bietet die Küche mexikanische Speisen.

Im Lichtspielgasthaus kann man Geschichte atmen, Filme erleben und sich kulinarisch verwöhnen lassen. Manchmal öffnet sich der Vorhang auch für Theater und Gesang.

Pastori – das historische Lichtspielgasthaus, Hauptstraße 29, 35789 Weilmünster, Kino
Tel. (0 64 72) 4 14, Restaurant Tel. (0 64 72) 8 32 16 73
www.pastori.de
ÖPNV: ZOB Weilmünster, 10 Minuten Fußweg

66 *Im idyllischen Lahn-Café am Rosengärtchen*

Mit knackfrischen Brötchen und einer besonderen Auswahl an Käse, Wurst und Konfitüre lässt es sich mitten in Wetzlar herrlich in den Tag starten. Bei einem Stück hausgemachtem Kuchen, direkt am Lahnufer auf der idyllisch gelegenen Terrasse genossen, kommen Urlaubsgefühle auf. Am Rande von Wetzlars wunderschöner Altstadt bietet das Lahn-Café am Rosengärtchen gleich mehrere Gründe, um zu verweilen. Im Jugendstilambiente treffen sich hier Wetzlarer und Touristen, Studenten und Senioren zum Frühstücksbuffet und zu Kaffee und Kuchen. Die Möbel aus der Jugendstilzeit in den beiden großzügig geschnittenen Innenräumen mit Sofa und Vitrinenschrank tragen zur entspannt-familiären Atmosphäre bei. Viele sind Stammkunden und schätzen diesen Ort so sehr, dass sie dem jungen Unternehmerpaar Geschirr aus dem Familienbesitz zum Einsatz im Café schenken.
Mit dem Lahn-Café haben sich der gelernte Bäckermeister Eric Jung und die Konditormeisterin Miriam Eufinger ihren Lebenstraum erfüllt. Während er täglich für eine hochwertige Auswahl an Brötchen sorgt, ist sie für die besten Kuchen der Stadt verantwortlich. Immer gibt es eine Auswahl an Torten und Kuchen. Eine der beliebtesten Spezialitäten ist die Lavendel-Zitronen-Torte. Aber auch Klassiker wie Käsekuchen und gedeckter Apfelkuchen werden von Miriam Eufinger aufs Leckerste neu interpretiert. Ganzjährig im Programm sind die flammenden Röschen, ein Mürbeteiggebäck mit einer Nougat-Füllung und einem Überzug aus Red-Ruby-Schokolade. Für den kleinen Hunger zwischendurch bietet das sympathische Paar saisonal wechselnde Salate und Suppen an. Alles wird liebevoll arrangiert und kann auf dem wunderschönen Sammelgeschirr stilvoll und entspannt genossen werden. Wer weder auf den vierzig Plätzen im Innenraum noch auf den besonders im Sommer heiß begehrten neunundzwanzig Plätzen außen, direkt am Rosengärtchen, eine Möglichkeit zum Verweilen findet, kann seinen Lieblingskuchen auch mitnehmen.
Neben diesem täglichen Sortiment bietet die Konditormeisterin auf Wunsch individuelle Geburtstags- und Hochzeitstorten an.

Lahn-Café Am Rosengärtchen, Hausertorstraße 43, 35578 Wetzlar, Tel. (0 64 41) 4 49 16 26
www.lahn-cafe.de

ÖPNV: Bahnhof Wetzlar, 15 Minuten Fußweg bzw. Citybus, Haltestelle Hausertor

Nußecken
1,80€

Die Vergangenheit feiern

67 *Der Conceptstore Markt 2 in Marburg*

Mit Schiebermütze, Weste und gebundenem Halstuch im Flanellhemd ist Wolfgang Richter die perfekte Werbung für den eigenen Laden. Auf dem Marktplatz in Marburg hat er 2018 im Rentenalter sein Geschäft für stilvolle Herrenbekleidung, Accessoires und Schallplatten eröffnet. Zwischen lebensgroßer Jonny-Walker-Figur, handgemalter Jugendstildecke und Leuchtreklame der Metzgerei, die ab 1911 in den Räumlichkeiten ihren Sitz hatte, scheint jemand die Zeit angehalten zu haben.
Hier finden sich Spiegel aus den 50ern, Haarpomade von Rumble 59, eine intakte Wurlitzer Jukebox und eine erstaunliche Menge des Magazins Spiegel aus den 50er- und 60er-Jahren. Dazwischen Modellbauflugzeuge und ein Vintagemixer aus den 50ern sowie ein gläsernes Likörset in einer Glasvitrine. Mehrere Räume nimmt die umfangreiche Sammlung aus 25.000 Singles und etwa 10.000 Schallplatten der 50er-, 60er- und 70er-Jahre ein. Darunter Schätzchen wie die Geschenkbox von Pink Floyd für 250 € oder seltene Exemplare von Bands wie The Merseybeats. Wolfgang Richter kann zu jeder Reggae- und Rock-&-Roll-Platte eine Geschichte erzählen. Er liebt das alte Marburg und die frischen Impulse der Studenten. Schließlich ist er selbst hier aufgewachsen, hat vor Ort studiert und eine Verbindung zu den Beats und der Mode vergangener Zeiten, die weit über ein paar flüchtige Trends hinausgeht. Neben dem Musikangebot ist auch die Auswahl an nachhaltiger Kleidung groß.
Alle Herren- und Unisex-Stücke stammen von Firmen, die auf hochwertige Produkte und traditionelle Schnitte spezialisiert sind. Die deutsche Firma Pike Brothers fertigt Jeans und Cordhosen, Westen und Hemden nach Schnittmustern des frühen zwanzigsten Jahrhunderts. Von Stetson sind die etwa 250 Mützen und Hüte im Panama und Trilbystil. Von Wolverine gibt es handgenähte Schuhe, die seit 1883 in 89 Arbeitsschritten innerhalb von 28 Tagen aus feinstem Leder gefertigt werden. Herrentaschen und Rucksäcke kommen von Manufakturen wie Alpenleder, die natürlich gegerbtes Leder verarbeiten, das mit den Jahren immer schöner wird.

Markt 2, Fashion & Vintage, Markt 2, 35037 Marburg, Tel. (0 64 21) 1 86 80 00
ÖPNV: Ab Marburg Elisabethkirche, Citybus 10, Haltestelle Oberstadt Markt

PIKE BROTHERS

Hand-Werk

68 *Die DIY-Oase „Zeit für Raum“ in Limburg*

Gemeinsam können wir etwas verändern, erkannten Franziska Pflüger und Birgit Kursikowski, kurz nachdem sie sich kennenlernten. Beide wollten mehr vom Leben, als ihre bisherigen Berufe ihnen geben konnten. Sie erlebten die große positive Kraft kreativer Handarbeit und beschlossen, diese Erfahrung an andere Frauen weiterzugeben.
„Zeit für Raum“ heißt der Ort, an dem die beiden seit Anfang 2019 in entspannter Atmosphäre inspirierende Workshops anbieten. Umgeben von Farben, Sträuchern und wunderschönen Ideen kann jede und jeder bei einem Tee eine neue Seite an sich selbst entdecken.
Die gelernte Kommunikationsdesignerin Birgit Kursikowski inspiriert zu Handlettering, intuitivem Malen und Aquarellzeichnen. In ihren Workshops vermittelt sie den meist weiblichen Teilnehmerinnen unterschiedlichen Alters, dass jeder zeichnen kann. Für sie ist lettern und malen wie ein Sport. Erst wärmt man sich mit Fingerübungen auf, dann gestaltet man sein Werk. Je häufiger man übt, umso selbstverständlicher wird die neue, kreative Ausdrucksform. Perfekt, wenn man so ein neues Hobby entdeckt, das aus dem Alltag entführt und die Selbstliebe fördert. Dieses Ziel haben auch Franziska Pflügers Kurse. Wer mit ihr einen individuellen Türkranz oder ein Osternest anfertigt, erfährt ganz nebenbei einiges über unsere Flora. Die naturverbundene Autodidaktin sammelt einen Großteil der verwendeten Materialien selbst. Am Ende ihrer Workshops halten die Teilnehmer wunderschöne Werke in den Händen, die getrocknete Sträucher und Blüten mit Stoffen, Bändern und ausgefallenen Accessoires zu einem neuen Kunstwerk verbinden.
Die Gelassenheit und positive Energie der beiden Veranstalterinnen ist in jedem Kurs spürbar und wirkt im eigenen Werk zu Hause nach. Neben den Floristik- und Malkursen gibt es zum Jahresanfang den Kurs „Vision Board“, hier hat jeder die Möglichkeit, eigene Ziele und Wünsche zu visualisieren.

Zeit für Raum, Holzheimer Straße 10, 65549 Limburg an der Lahn, Tel. (01 73) 9 51 86 50 und Tel. (01 77) 5 67 59 99
ÖPNV: ZOB Limburg

Just
young

Eingelocht

69 *Der Golfclub in Braunfels lädt ein*

Der 18-Loch-Golfplatz in Braunfels liegt märchenhaft idyllisch mitten in der Natur. Schon die Anfahrt über die kurvenreiche Landstraße und die imposante Allee bis zum Parkplatz vor dem Golfclub lässt die Augen größer werden und die Mundwinkel höher wandern. Im „Restaurant zum Golfplatz“ und dem Fachwerk-Clubhaus sind Golfer und Interessierte gleichermaßen willkommen. Vom Restaurant aus hat man einen entspannten Blick auf die Spieler und kann die lang gezogenen Hänge mit wunderschönem, altem Baumbestand sowie den Ausblick auf den kleinen See entspannt genießen.

Alle, die von der DGV-zertifizierten, umweltschonend betriebenen Anlage verzaubert sind, können bei einem Schnupperkurs ihr Talent unter herrlichen Bedingungen testen. Zwischen April und Oktober finden in Braunfels monatlich zwei bis drei Kurse statt, in denen man einen ersten Einblick in den sympathischen Golfsport erhält. Nach einem Begrüßungsgetränk und der Vorstellung des lebendigen Clubs mit seinem Angebot für jede Alters- und Zielgruppe werden die schönsten Ecken der weitläufigen Golfanlage mit einem E-Cart angefahren. Wer sich vorstellen kann, hier künftig eigene Runden zu drehen, erfährt auf dem Übungsgelände Details zum Sport und lernt erste Fachbegriffe wie Bunker und Eisen kennen. Danach geht es mit dem Golflehrer auf die Driving Range. Die Gäste testen die verschiedenen Eisen, machen ein paar Schwungübungen und schlagen mit Begeisterung Bälle. Erste Erfahrungen beim langen und kurzen Spiel runden den zweieinhalbstündigen Kurs ab. Zum Ausklang trifft man sich im Clubhaus. Bei Kaffee und Kuchen werden Erfahrungen ausgetauscht. Alle Gäste erhalten einen Logoball zur Erinnerung an einen genussvoll-sportlichen Nachmittag.

Danach und davor kann man auf der traumhaften Sonnenterrasse des Restaurants das Treiben an Loch 16 und 18 bei einem Glas Wein oder einem frisch gezapften Bier in Ruhe beobachten.

Golf Club Schloss Braunfels e. V., Homburger Hof, 35619 Braunfels, Tel. (0 64 42) 45 30
www.golf-braunfels.de

Vom Profi lernen

70 *Die Konditorei Vogel in Braunfels*

Der Lieblingskuchen von Caroline Vogel ist seit Kindertagen der russische Nusskuchen mit Nougat und Marzipan. Auch die Trüffeltorte wird in der Konditorei Vogel seit 50 Jahren unverändert nach Opas Rezept hergestellt, die originellen Eichhörnchen-Törtchen haben ebenfalls eine lange Tradition. Neue, fantasievolle Kreationen entstehen in Braunfels parallel zu den liebgewonnenen Kuchen und Torten. Weil die Geschwister Vogel ihr Handwerk in München und Frankreich gelernt haben, sehen viele Torten wie kleine Kunstwerke aus. Neben dem jahreszeitlich wechselnden Kuchensortiment gibt es im Sommer selbst gemachtes Feinschmecker-Eis. Ganzjährig machen außerdem Marmeladen in ausgefallenen Kombinationen wie Kiwi-Vanille, Karotte-Orange oder Mandarine-Aperol Appetit.

Wer mehr über die Herstellung von Schokolade, Pralinen und Torten wissen möchte, sollte an einem der ganzjährig stattfindenden Seminare teilnehmen. In kleinen, 40-minütigen Schokoladen-Schnupperkursen geben die Konditoren ihr Wissen ebenso weiter wie in den saisonal wechselnden, umfangreichen Patisserie-Kursen. Im Sommer werden fruchtige Törtchen gemeinsam hergestellt, im Winter Schokoladentafeln und Pralinen gegossen.

In den Patisserie-Kursen erfahren die Gäste bei einem Glas Prosecco Details zur Herkunft der Zutaten und den Unterschieden in der Qualität. Nach dieser Einführung entstehen im Workshop aus den Wünschen der Teilnehmer individuelle, unwiderstehliche Kreationen. Zum Abschluss nehmen die Teilnehmer 40 selbst hergestellte Pralinen oder sechs selbst veredelte Schokoladentafeln mit nach Hause.

Das Kaffeehaus ist seit 1970 für seine leckeren Kreationen weit über Braunfels hinaus bekannt. Wer trotz 50 Innen- und 80 Außenplätzen keinen Platz zum Verweilen findet, kann die traumhaften Kuchen mit nach Hause nehmen oder im hundert Meter entfernten, wunderschönen Schlosspark genießen.

Konditorei Vogel, Fürst-Ferdinand-Straße 1, 35619 Braunfels, Tel. (0 64 42) 42 56
www.konditorei-vogel.de
ÖPNV: Bahnhof Braunfels, 6 Minuten Fußweg

Kunst für alle

71 *Das Rosenhang Museum in Weilburg*

Im Jahr 2008 entstand in der ehemaligen Brauerei Helbig in Weilburg auf vier Stockwerken das Rosenhang Museum. In dem komplett modernisierten Gebäude im cleanen Fabrik-Style finden sich auf 2000 Quadratmetern zahlreiche Werke von bekannten Künstlern wie Elvira Bach, Cornelia Schleime, Romero Britto und Jörg Immendorf. Das Museum entstand auf Privatinitiative der Familie Helbig, die unter dem Motto „Kunst für alle" eine bunte Mischung aus Gemälden, Skulpturen und Installationen präsentiert. Für kunstinteressierte Menschen jeder Altersklasse lohnt sich ein Besuch des goldenen Gebäudes nicht nur wegen dieser prominenten Namen.

Die Sammlung „Märchenhafte Gemälde" von Michel Cheval entführt in fantastische, fabelhafte Welten. Autoliebhaber werden von dem komplett bemalten Wagen des Künstlers Ma Jun fasziniert sein. Der steht im Museum in Originalgröße. Von keinem Winkel aus lässt sich erkennen, ob es sich um ein echtes Fahrzeug handelt. Aber ein Blick in den Ausstellungskatalog hilft. Denn anfassen sollte man die Werke natürlich nicht. Problemlos möglich – und ausdrücklich erwünscht – ist aber das Betrachten der Werke aus jeder denkbaren Position sowie wildes Diskutieren über die Absichten der Künstler.

Selbst den größten Kunstmuffel laden die Bilder von Otto Waalkes zum Philosophieren über Kunst ein. Werke wie der „Ottifantenhelm" oder „Otto versaut Hamburg" zaubern schon beim Lesen des Titels ein Lächeln in jedes Gesicht. Die Gestaltung des Museumsbesuchs ist jedem persönlich überlassen. Man könnte zum Beispiel im Bild „Meine sieben Sachen" von Elvira Bach die titelgebenden Gegenstände suchen. Oder die Personen im Bild „Café de flore" von Jörg Immendorff zählen. Denn auch die Wahl des persönlichen Favoriten macht den Museumsbesuch lebendig.

Wechselnde Ausstellungen, z. B. von Dieter Nuhr oder Andy Warhol, sowie Lesungen und musikalische Angebote bieten zusätzliche Anreize, ins Rosenhang Museum direkt an der Lahn in Weilburg zu kommen.

Rosenhang Museum, Ahäuser Weg 8–10, 35781 Weilburg, Tel. (0 64 71) 39 08
www.rosenhangmuseum.de
ÖPNV: ZOB Weilburg, 3 Minuten Fußweg

Schmuckstücke mit Charakter

72 *Design von Sommerbach in Gießen*

Die typische Kundin der Schmuckmanufaktur Sommerbach trägt oft gar keinen Schmuck. Besucht sie trotzdem das Atelier im wunderschönen Altbau des Bahnhofsviertels, liegt es vielleicht daran, dass sie im Schaufenster ein einzigartiges Schmuckstück entdeckt hat. Die Arbeiten des Designerteams Pia Sommerlad und Nils Schmalenbach bestechen durch ihre reduzierte Formensprache und die innovativen Ideen.
Häufig nutzen Kunden das kreative Potenzial der Goldschmiedemeisterin und Edelsteindesignerin für die Anfertigung individueller Verlobungs- oder Trauringe. Um die persönlichen Vorstellungen und Wünsche zu erfüllen, werden in einem Beratungsgespräch Materialien, Form und spezielle Wünsche besprochen. Pia Sommerlad greift bei der Umsetzung auf unterschiedliche Techniken wie den Sandguss zurück.
Wer ein Stück Erinnerung bei sich tragen möchte, kann im Atelier vorhandene Schmuckstücke zu etwas Neuem verarbeiten lassen. Außerdem fertigt Nils Schmalenbach moderne Medaillons aus Naturachat. In den Stein wird ein Foto projiziert. Durch die speziellen Materialeigenschaften wird dieses nur sichtbar, wenn man das Schmuckstück ins Licht hält.
Alle, die sich „einfach so" etwas Besonderes gönnen möchten, werden von Pia Sommerlads Kleinserien inklusive Hintergrundgeschichten verzaubert sein. Unter Einsatz von Materialien wie Bienenwachs und Buchlettern fertigt sie ungewöhnliche Kreationen. So ist eine Linie mit Herzringen und -anhängern in Anlehnung an das Wachssiegel eines Liebesbriefes entstanden. Für jeden Ring wurde ein Siegel gefertigt und in Recyclingsilber gegossen. Besonders augenfällig ist auch die Serie for my honey. Aus Bienenwachsplatten werden Bandringe angefertigt und mit einer Masse übergossen. Durch Ausschmelzen des Bienenwachses entsteht ein Hohlkörper, der in Gold und Silber abgegossen wird. Das Wabenmuster ist innen und außen sicht- und spürbar. Jeder Kauf fördert ein Bienenprojekt.

Sommerbach, Pia Sommerlad, Bahnhofstraße 39, 35390 Gießen, Tel. (01 79) 6 32 70 31
www.sommerbach.com
ÖPNV: Bahnhof Oswaldsgarten, 4 Minuten Fußweg

Gebackene Kunst

73 *Das kunstvolle Café Lieblingsstück in Nassau*

Nur wenige Meter von der Lahn entfernt, gibt es im Café Lieblingsstück den leckersten Kuchen von Nassau und Umgebung. Die gelernte Konditorin Sonja Hölzel bietet dort Kreationen, mit denen sie bereits viele Jahre Kunden in der Finanzmetropole Frankfurt begeistert hat.

Mandelmus-Rosmarin-Törtchen auf Rhabarberkompott, kuppelförmige Schokosahne-Arrangements auf Schokocreme, Blaubeerbaisertorte und Rote-Grütze-Tarte, Windbeutel nach Schwarzwälder Art sowie Sylter Rhabarber-Blechkuchen verführen zu sofortigem Genuss. Täglich bietet der sympathische Familienbetrieb 10–15 Produkte feinster Konditorenkunst. Wer möchte, genießt vor Ort in der besonderen Atmosphäre einer ehemaligen, charmanten Galerie seinen Lieblingskuchen und nimmt für zu Hause außerdem noch ein, zwei oder auch drei Stückchen mit. Zum Dazunehmen bieten sich auch die Mürbegebäcke in Herzform und die hausgemachten Pralinen sowie die Nassauer Türmchen, ein Mandelkonfekt mit Marzipan, an.

Im Gastraum finden sich neben den gebackenen Werken auch kreative Arbeiten der Künstlerin Ulrike Wenzel-Schütz. Großformatige Acrylgemälde mit den unterschiedlichsten Motiven und ausgefallene Keramiken für den Innen- und Außenbereich sorgen für eine entspannte Stimmung. Alle Arbeiten können erworben werden.

Der kreative Einfluss der Natur spiegelt sich auch in einem Angebot an nachhaltiger Mode wider. Handgefertigte Kleidung, Taschen, Ketten und Tücher aus Afrika ergänzen die bunte Vielfalt im Café und laden zum Stöbern ein.

Ein gemütliches Sofa, Rattan- und Holzstühle sowie farbenfrohe Tische warten im Innenraum auf Gäste. Das heimelige, wohnzimmerähnliche Ambiente lockt Singles und Pärchen, Familien und Freundinnen gleichermaßen. Im begrünten, ebenso liebevoll gestalteten Außenbereich stehen im Sommer 25 weitere Sitzplätze zur Verfügung. Hier lassen sich vorbeifahrende Motorradkolonnen und Oldtimer wunderbar beobachten.

Café Lieblingsstück, Bahnhofstraße 1, 56377 Nassau, Tel. (0 26 04) 95 01 48
ÖPNV: Bahnhof Nassau

74 *Workout in Limburgs Ballettschule Petrova*

Ballett steht für musikalisch begleiteten, künstlerischen Bühnentanz. Zum Tanz gehören neben grazilen Körperbewegungen auch Gestik und Mimik. Jahrelanges Training bereitet den Körper vor und vermittelt die Technik für präzise Ausführungen. Bis zur leichtfüßigen Pirouette ist harte Muskelarbeit notwendig, denn beim Ballett steht der gesamte Körper unter Spannung.
Die diplomierte Balletttänzerin und Pädagogin Kamelia Petrova hat diese Kunstform an der Bolschoi-Ballettakademie in Moskau studiert und jahrelang an den Staatstheatern Sofia und Varna getanzt, bevor sie 1990 als Solotänzerin und Trainingsmeisterin nach Deutschland kam. Während ihrer Karriere war sie in Stücken wie Schwanensee, Nussknacker, La Bayadère, Don Quichotte, Carmen u. v. m. zu sehen. Seit 1997 ist sie Inhaberin der Ballettschule Petrova in Limburg und unterrichtet mehr als 180 Kinder, Jugendliche und Erwachsene.
Weil Ballett den ganzen Körper trainiert, ist es nicht nur für Primaballerinas ideal, um in Form zu bleiben. Die nachhaltige Wirkung auf Körper und Haltung hält seit Jahren Topmodels in Form. Nun wird das Workout auch bei Frauen ohne Blitzlichtambitionen immer beliebter.
Diese Tatsache hat Kamelia Petrova genutzt und ein exklusives Programm aus Stretching- und Muskelaufbau-Übungen zusammengestellt. In fünf wöchentlich aufeinanderfolgenden, einstündigen Einheiten wird der eigene Körper durch spezielle Dehnübungen schnell beweglicher. Die Rücken- und Bauchmuskulatur wird bei Bodenübungen mit der Kraft des eigenen Körpers sowie während Einheiten an der Stange gestärkt. Die Techniken aus dem Balletttraining sorgen dafür, dass auch die tiefer liegenden Muskelgruppen beansprucht werden. So wirken Arme, Beine und Bauch bereits nach kurzer Zeit trainiert. Das präzise Üben vor dem Spiegel sorgt außerdem für eine bewusste, aufrechte Haltung, die sich automatisch auf den Alltag überträgt. Ein gerader Rücken und ein erhobener Kopf erweitern den eigenen Blick und lassen das Selbstvertrauen wachsen.

Ballettschule Kamelia Petrova, Hospitalstraße 8, 65549 Limburg an der Lahn
www.ballettschule-petrova.de
ÖPNV: ZOB Limburg

Eine tierische Seelen-Pause

75 *Die niedlichen Lahntal-Alpakas in Sterzhausen*

Sind die süß! Wer die wuscheligen Alpakas mit den Glubschiaugen am Ortsrand von Lahntal-Sterzhausen zum ersten Mal erblickt, ist augenblicklich schockverliebt. Die Tiere sind etwa halb so groß wie Lamas, frisch geschoren sehen sie besonders zart aus. Neugierig recken die Andentiere die langen Hälse und schreiten auf die Besucher zu. Man will sie sofort in den Arm nehmen. Ein Spaziergang mit ihnen ist wie ein erstes Date. Mensch und Tier nähern sich vorsichtig an und achten sorgfältig aufeinander. Alpakas sind ganzjährig zauberhafte Wanderpartner. An der Seite eines sanften und gutmütigen Andentiers haben Kinder und Jugendliche, Erwachsene und Senioren ein entspanntes Slow-Motion-Erlebnis.

Nachdem Moneypenny, Donata, Diamond, Diva, Daisey, Nero und Co. einen Wegbegleiter gefunden haben, nutzen beide für die Dauer der Tour den gleichen Namen. Das Event über Feld- und Wiesenwege dauert zwischen zwei und drei Stunden.

Im Frühjahr und Sommer ist die Alpaka-Prosecco-Wanderung besonders beliebt. Während des etwa eineinhalbstündigen Marsches durch das wunderschöne Lahntal gibt es eine kleine „Seelen"-Pause im Gras mit viel Ruhe und prickelndem Piccolo. Besonders kuschelig sind die Glühweinwanderungen im Winter. Man wärmt sich die Hände in der weichen, dichten Wolle des Alpakas, spürt die wohltuende Wärme des heißen Glühweins und genießt die exklusive, gemeinsame Zeit. Individuelle Erlebnisse zu Kindergeburtstagen, Junggesellinnen-Abschieden und Geburtstagen werden ebenfalls begeistert gebucht. Für alle, die nach der gemeinsamen Tour nie wieder ohne Alpaka sein möchten, gibt es Patenschaften. Das Ehepaar Ruppersberg-Heinze ist bereits seit vielen Jahren dem Charme der Tiere erlegen. 2015 haben sie vier Alpakas gekauft, um eine Züchtung aufzubauen. Mittlerweile hat das Paar 37 und erwartet weitere Fohlen. Neben den Touren, die von Gästen aus ganz Deutschland und der Schweiz gebucht werden, bieten sie im eigenen Hofladen kuschelige Produkte aus Alpakawolle.

Lahntal Alpakas, Christiane Heinze-Ruppersberg und Robert Ruppersberg, Oberdorfer Straße 12, 35094 Lahntal (bei Marburg), Tel. (0 15 23) 3 78 55 23
www.lahntal-alpakas.jimdofree.com
ÖPNV: Bahnhof Sterzhausen

Glühwein am Strand

76 *Der Cargo Beachclub in Limburg*

Der Cargo Beachclub unterhalb der alten Lahnbrücke in Limburg ist ganzjährig ein chilliger Ort. Während die Füße im Sand Kreise ziehen, kann man bei einem Glas Wein die Lahn beobachten und den Dom von Weitem bewundern. Im Hintergrund tönt dezente Loungemusik. Stylische Liegesessel und skandinavische Holzmöbel laden zum Entspannen ein. In kühlen Abendstunden verbreitet ein Lagerfeuer in der Mitte der Beachanlage wohlige Stimmung. Die Kombüse bietet wechselnde Snacks sowie Antipasti, aber auch mal Currywurst.

Unter dem Motto „Urlaub vom Alltag" haben sich zwei Schwestern aus Hamburg mit dieser Location ihren ganz persönlichen Traum verwirklicht. Mit „Moin, moin" und dem Reim „Wenn ich die See seh', brauch' ich kein Meer mehr" werden die Gäste schon am Eingang empfangen. Einheimische wie Touristen genießen hier ihren Sundowner, Jung und Alt treffen sich bei zahlreichen Veranstaltungen, und Kinder sind immer ausdrücklich willkommen. Das junge, szenige Personal kümmert sich um alle Gäste wie um Freunde. Gefeiert wird gemeinsam bei 90er-Partys, Hip-Hop oder Elektromusik. Beschaulich wird's bei Kinoabenden und Bastelaktionen.

Diese ganz besondere Atmosphäre bietet auch der Cargo-Beachclub-Weihnachtsmarkt. Auf stimmungsvollste Weise lockt an allen Adventswochenenden ein riesiger Weihnachtsbaum an den Strand. Am Lagerfeuer spürt man unter sich den Sand und sieht über sich ein Lichtermeer. Wem es dabei trotz Winzerglühwein, leckeren Tees und Kartoffelsuppe zu kalt wird, der wechselt in eines der warmen, liebevoll dekorierten Pagodenzelte. Oder kuschelt sich auf den Holzbänken in ein Schafsfell bzw. an den Nebenmann.

Übrigens: Für alle, die sich Silvester an den Sandstrand träumen, bietet der Cargo Beachclub mit seiner Silvesterparty eine echte Alternative zum Flug auf die Kanaren.

Cargo Beachclub Limburg, Inselweg 1 a, 65549 Limburg an der Lahn, Tel. (01 71) 9 77 02 73
www.cargobeach.de

ÖPNV: Ab Limburg ZOB West, Stadtbus LM-2, Haltestelle Westerwaldstraße

Mit- oder selbst fliegen?

77 *Himmlische Eindrücke im Aero-Club Nastätten*

Schon die Anfahrt zum Flugplatz Nastätten bietet einen sensationellen Blick über unendlich weite, grüne Wiesen und malerische Wälder. Bereits der Gedanke, von hier hoch in den Himmel zu fliegen, lässt das Herz schneller schlagen.

Neben einem großen Start- und Landeplatz gehören zwei Flugzeughallen, Werkstatt, Clubhaus und Übernachtungsmöglichkeiten sowie Grill- und Spielplatz zur weitläufigen Clubanlage. Mit elf Vereinsflugzeugen wird von einer kleinen Runde über das Blaue Ländchen bis zum großen Streckenflug mit modernsten Segelflugzeugen jedes Ziel erreichbar.

Die herrliche Gegend lässt sich so von oben völlig neu entdecken. Ein Flug bis zur Loreley und an den Rhein mit wunderbarem Blick auf zahlreiche Burgen ist während eines halbstündigen Erlebnisflugs bei gutem Wetter ebenso möglich wie ein Flug entlang der Lahn bis zum Limburger Dom. Gutes Wetter bedeutet beim Segelfliegen blauer Himmel mit Cumulus-Wolken. Unter diesen Bedingungen kann ein Segelflugzeug besonders lange in der Luft bleiben, nachdem es mit einer Seilwinde etwa 400–500 Meter geschleppt wurde. Finden die Piloten und Pilotinnen keine Aufwinde in der Luft, müssen sie nach kurzer Zeit zum Flugplatz zurückkehren, da ein Segelflugzeug in ruhiger Luft stetig an Höhe verliert. Ein Flug unter guten Wetterbedingungen dauert zwischen 15 Minuten und einer Stunde. Wer gerne mitfliegen möchte, zahlt pro Person je Viertelstunde 20 Euro. Die Erlebnisflüge sind für jedermann und -frau an allen Wochenenden und Feiertagen von April bis Oktober möglich. Alle, die von dem erhabenen, ruhigen Gefühl, in der Luft zu sein, nicht genug bekommen können, haben in Nastätten die Möglichkeit, selbst fliegen zu lernen. Ehrenamtliche Fluglehrer begleiten ihre Schüler durch die ca. zweijährige Ausbildung. Der Verein unterstützt mit Know-how und Flugzeugen. Die 75 aktiven Mitglieder zwischen 14 und 78 sind jederzeit hilfsbereit und geben Tipps. Schließlich fliegen die Piloten und Pilotinnen des Aero-Clubs seit vielen Jahren erfolgreich in der 1. Segelflugbundesliga.

Aero Club Nastätten e. V., Am Segelflugplatz 1, 56355 Nastätten, Tel. (0 67 72) 96 04 00
www.aero-club-nastaetten.de

Wer tönt denn da?

78 *Gesangsstunde bei Nadja Jamiro in Netzbach*

Wenige Kilometer von der Lahn entfernt, eröffnet sich musikaffinen Menschen eine neue Welt. Im 400-Seelen-Dorf Netzbach bietet die Gesangslehrerin und Stimmtherapeutin Nadja Jamiro inspirierende Workshops und Einzelkurse für Anfänger und Profis an. Wer bisher nur leise unter der Dusche und zur Musik aus dem Autoradio gesungen hat, findet hier den Impuls, um in Zukunft entspannter loszulegen. In einer ersten Schnupperstunde nimmt die ausgebildete Lied- und Oratoriensängerin allen Schülerinnen und Schülern in wenigen Sekunden jede Hemmung, die eigene Stimme neu zu nutzen. Während sie am Klavier ein paar Töne anstimmt, werden die eigenen Erwartungen an den Unterricht erfragt. Wie beiläufig werden ein paar Silben gemeinsam intoniert.

Für Nadja Jamiro ist der Gesang eine selbstverständliche Ausdrucksform, deren Einsatz aus vielen Gründen glücklich macht. Schon nach einer Stunde mit ihr kann man diese Haltung nachvollziehen. Zunächst wird die richtige Atemtechnik vermittelt. Je tiefer man atmet, desto besser entspannt man. Für Ungeübte ist das tiefe Atmen, das Weiten des Brustkorbs und das Entspannen des Nackens nicht immer einfach. Deswegen kommen hier ein paar Tricks zum Einsatz. Je nach Lerntyp nutzt die zertifizierte CVT-Lehrerin bildhafte oder logische Erläuterungen. Manchmal kommt auch ein Balanceboard zum Einsatz, das gerade Anfängern hilft loszulassen. Ist der Atemraum groß, der untere Rücken und Nacken weich, entspannen Parasympathikus und Vagusnerv. Das Gehirn schaltet von Beta auf Alpha. Bewusste und unbewusste Gehirnfunktionen verbinden sich, alles wird leichter. Die Vibration der Stimmbänder, die beim Singen automatisch entsteht, unterstützt diesen Zustand zusätzlich. Schnell werden aus ersten Tönen kraftvolle Klänge. Unendliche Freude und ein Gefühl von Glückseligkeit entstehen. Dieser Flow animiert dazu, weiterzusingen. Im Auto, unter der Dusche, unter Freunden.

Die Schnupper-Workshops sind für Anfänger ebenso geeignet wie für alle, die ihre Freude am Gesang wiederentdecken möchten.

Nadja Jamiro, Mühlgasse 2, 65623 Netzbach, Tel. (0 64 30) 2 49 99 78
www. nadjajamiro.jimdofree.com

Ich geb' Gas, ich will Spaß

79 *Das Golden Oldies Festival in Wettenberg*

Seit mehr als dreißig Jahren verwandelt sich die Gemeinde Wettenberg an jedem letzten Juliwochenende in ein grandioses Festival vergangener Zeiten. Unter dem Motto „Musik, Motoren, Mode" präsentieren sich auf 100.000 Quadratmetern mehr als 1000 Autos der 50er-, 60er-, 70er- und 80er-Jahre. Parallel spielen Bands die Musik des jeweiligen Jahrzehnts. Ein Nostalgiemarkt begeistert Besucher jeden Alters. Die hundert Aussteller bieten vom Flohmarktartikel aus den 50ern über Omas Petticoat bis zum Originalbauteil für den Oldtimer alles an.

Mit zahlreichen Aktionen wie „Präsentiere ein Outfit aus deinem Lieblingsjahrzehnt" bis zur Prämierung des Oldtimers mit der weitesten Anreise werden die Zuschauer zum Mitmachen und Staunen animiert. Eine Rollschuhdisco lockt außerdem besonders die Fans der 80er in den Abendstunden aufs Parkett. Alte Werbespots und Kurzfilme aus den 50er-, 60er- und 70er-Jahren wecken bei älteren Besuchern Kindheitserinnerungen, während die jüngeren ungläubig schmunzeln. Für Kinder wird zusätzlich auf 1500 Quadratmetern ein Spielparadies mit originellen Aktionen rund ums Auto angeboten.

Auch der historische Rennsport hat in Wettenberg einen eigenen Bereich. Neben Aktionen rund um die historischen Flitzer sind zwei Supersportkonkurrenten der 80er ein besonderes Highlight. Der Ferrari F40 und sein Rivale, der Porsche 959s (davon wurden weltweit nur 29 Stück gebaut), sind hier zu bewundern. Sie erreichten einen Top Speed jenseits der 300-Stundenkilometer-Marke und waren Ende der 80er-Jahre der Trumpf in jedem Autoquartett. Auf dem Festivalgelände reicht die Bandbreite der Oldtimer vom Kleinwagen aus der Wirtschaftswunderzeit über amerikanische Straßenkreuzer, die sonst nur in Filmen zu sehen sind, bis hin zu historischen Polizeifahrzeugen und Traktoren. Am Samstag und Sonntag findet die traditionelle Parade statt. Dann fahren bis zu 700 Oldtimer am begeistert jubelnden Publikum vorbei durch den Ort. An einem Golden-Oldies-Festival-Wochenende kommen 60.000–70.000 Besucher, um Teil dieser außergewöhnlichen nostalgischen Gemeinde zu sein.

Golden Oldies Festival, 35435 Wettenberg
www.golden-oldies.de

Ford

Einmal Kapitän sein

80 *Freie Fahrt mit Hausboote Lahn in Hollerich*

Eine einzigartige Möglichkeit, dem Alltag zu entfliehen, bietet ein Hausbooturlaub auf der Lahn. Schon der Weg zum Hafen Hollerich, in dem die smarten Boote ankern, ist einen Ausflug wert. Hier zeigt sich die Lahn von ihrer wildromantischen Seite. Der Staudamm beeindruckt durch Wehr, Gischt und Geräuschkulisse. Rechts und links des Ufers grasen Ziegen, im Wasser drehen Entenfamilien ihre Runden.

Der kleine Hafen liegt auf einer Insel mitten in der Lahn. Betritt man eines der drei Flusshäuschen, spürt man, wie Ruhe und Behaglichkeit mit an Bord gehen. Die führerscheinfrei fahrbaren Boote sind schwimmende Ferienwohnungen mit allem Komfort. Auf 18 Quadratmetern finden sich zwei lichtdurchflutete Schlafräume, ein kleines Bad mit großzügiger Dusche sowie ein schöner Aufenthaltsraum mit kleiner Küche. Bodentiefe Fenster sorgen für freie Sicht in die Natur. Vor dem Eingang befinden sich die Holzterrasse und der Steuerplatz. Hier lässt sich bequem entspannen, während Seele und Beine im Wasser baumeln.

Um die Region zu erkunden, bietet sich eine Tour Richtung Lahnstein oder alternativ über Limburg bis zur „Endstation" Dehrn an. Bei 5 km/h zieht die Natur im Zeitlupentempo vorbei. Liegeplätze für Landgänge oder Übernachtungen findet man bei einem der Boots-Clubs, Gästestegen von Gemeinden und Restaurants oder am Ufer von Campingplätzen. Absolute Ruhe garantiert die Anlegestelle „Börnchen" oberhalb der Schleuse Scheidt. Nach einem Bootsurlaub in Frankreich reifte bei Thomas Laux der Wunsch, ein eigenes Boot auf die Lahn zu holen. In Zusammenarbeit mit einer Werft und einem Schreiner entwickelte er sein eigenes Modell. Aufgrund der großen Nachfrage folgten nach dem ersten Boot schnell zwei weitere. Seit 2014 haben die Auszeiten auf den Lahn-Hausbooten schon vielen Familien, Pärchen und Flitterwöchnern traumhafte Urlaube beschert. Einmal hat ein Silberhochzeitspaar alle drei Boote zum Relaxen mit der gesamten Familie gebucht, berichtet der Inhaber. Auf solch einen feierlichen Anlass muss aber niemand warten, um selbst einmal vor Ort zu entspannen.

Hausboote Lahn, Thomas Laux, Yachthafen Hollerich, Schleuse Hollerich, 56377 Nassau/Lahn, Tel. (0 64 33) 7 00 68 24, www.hausboote-lahn.de

Bibliografische Informationen der Deutschen Nationalbibliothek
Die Deutsche Nationalbibliothek verzeichnet diese Publikation in der Deutschen Nationalbibliografie; detaillierte bibliografische Daten sind im Internet über http://dnb.d-nb.de abrufbar.

Konzeption/Satz: Droste Verlag, Düsseldorf
Einbandgestaltung und Illustrationen: Britta Rungwerth, Düsseldorf, unter Verwendung von Bildern von © Fotolia.com: jd – photodesign.de; © iStock: Plociennik Robert
Fotos: Nicole Steffens, außer:
S. 9: Kloster Arnstein; S. 13: Dominik Ketz für Westerwald Touristik-Service; S. 15: Lahntal Tourismus Verband; S. 17: Caspersch Hof; S. 21: Biohof Böhm; S. 25: Jörg Wagner; S. 31: Café Windlück; S. 35: Schloss Weilburg; S. 37: Segway-Park Wetzlar; S. 41: Lahntours Aktivreisen; S. 43: Ebbe & Flut; S. 51: Georg Kronenberg; S. 53: Rolf K. Wegst; S. 55: Dachcafé Gießen; S. 57: Ingo Becker; S. 59: Holger Lake; S. 67: Schloss Braunfels; S. 73: Emser Therme GmbH; S. 85: Oliver Schepp; S. 89: Gert Honig; S. 91: Biohof Böhm; S. 93: Grube Fortuna; S. 95: RPT Rad; S. 107: Willi Willig; S. 127: Deutsche Burgenvereinigung e. V.; S. 139: Lahn-Café; S. 151: Sommerbach; S. 155: Ballettschule Petrova; S. 157: Lahntal Alpakas; S. 161: Carolin Fuhr; S. 167: Hausboote Lahn

FSC® www.fsc.org MIX Papier aus verantwortungsvollen Quellen FSC® C011279

Druck und Bindung: LUC GmbH, Greven
ISBN 978-3-7700-2227-4

www.droste-verlag.de